AF370453

Tirso de Molina

El condenado por desconfiado

Barcelona **2024**
Linkgua-ediciones.com

Créditos

Título original: El condenado por desconfiado.

© 2024, Red ediciones S.L.

e-mail: info@linkgua.com

Diseño de cubierta: Michel Mallard.

ISBN tapa dura: 978-84-1126-259-0.
ISBN rústica: 978-84-9816-498-5.
ISBN ebook: 978-84-9897-211-5.

Sumario

Brevísima presentación

La vida

Tirso de Molina (Madrid, 1583-Almazán, Soria, 1648). España.

Se dice que era hijo bastardo del duque de Osuna, pero otros lo niegan. Se sabe poco de su vida hasta su ingreso como novicio en la Orden mercedaria en 1600 y su profesión al año siguiente en Guadalajara. Parece que había escrito comedias, al tiempo que viajaba por Galicia y Portugal. En 1614 sufrió su primer destierro de la corte por sus sátiras contra la nobleza. Dos años más tarde fue enviado a la Hispaniola (actual República Dominicana), regresó en 1618. Su vocación artística y su actitud contraria a los cenáculos culteranos no facilitó sus relaciones con las autoridades. En 1625, el Concejo de Castilla lo amonestó por escribir comedias y le prohibió volver a hacerlo bajo amenaza de excomunión. Desde entonces solo escribió tres nuevas piezas y consagró el resto de su vida a las tareas de la orden.

La salvación

Por su gravedad y calado filosófico, *El condenado por desconfiado* ha llegado a ser considerada de otro escritor, pero su valor y la ausencia de certezas respecto de otra autoría la hacen digna de mención. Ciertamente, este gran drama se aleja del común de la obra de Tirso de Molina y refleja el principal asunto de debate teológico y filosófico entre las diversas corrientes católicas y protestantes del momento. Se trata de una puesta en escena del problema de la predestinación y el libre albedrío del ser humano. Tirso incide aquí en el mayor peso que tiene la voluntad humana, frente a lo fatalista del concepto de destino divino protestante, y lo hace con un texto dramático humanísimo en el que los personajes muestran sus facetas de fortaleza y debilidad ante un Dios de infinita misericordia. Se trata de un tema que proviene de los más antiguos textos clásicos y que indaga en los territorios insondables del alma humana desde el punto de vista de los conceptos y actitudes religiosas.

Personajes

Albano, viejo
Anareto, padre de Enrico
Bandoleros
Caminantes
Carceleros
Celia
Cherinos
El Alcaide de la cárcel
El Demonio
El Gobernador de Nápoles
Enrico
Esbirros
Escalante
Galván
Lidora, criada
Lisandro
Octavio
Pedrisco
Porteros
Presos
Pueblo
Roldán
Un Juez
Un Pastorcillo, un ángel
Villanos

Jornada primera

(Selva, dos grutas entre elevados peñascos.)

Paulo (De ermitaño.) ¡Dichoso albergue mío!
Soledad apacible y deleitosa,
que en el calor y el frío
me dais posada en esta selva umbrosa,
donde el huésped se llama   5
o verde yerba o pálida retama.
Agora, cuando el alba
cubre las esmeraldas de cristales,
haciendo al Sol la salva
que de su coche sale por jarales,   10
con manos de luz pura,
quitando sombras de la noche oscura
salgo de aquesta cueva,
que en pirámides altos de estas peñas
naturaleza eleva,   15
y a las errantes nubes hace señas
para que noche y día,
ya que no otra, le hagan compañía.
Salgo a ver este cielo,
alfombra azul de aquellos pies hermosos.   20
¿Quién, oh celeste velo,
aquesos tafetanes luminosos
rasgar pudiera un poco
para ver?... ¡Ay de mí! Vuélvome loco.
Mas ya que es imposible   25
y sé cierto, Señor, que me estáis viendo
desde ese inaccesible
trono de luz hermoso, a quien sirviendo
están ángeles bellos,
más que la luz del Sol hermosos ellos,   30

mil gracias quiero daros
por las mercedes que me estáis haciendo
sin saber obligaros.
¿Cuándo yo merecí que del estruendo
me sacarais del mundo   35
que es umbral de las puertas del profundo?
¿Cuándo, Señor divino,
podrá mi indignidad agradeceros
el volverme al camino
que, si no lo abandono, es fuerza el veros   40
y tras esa victoria
darme en aquestas selvas tanta gloria?
Aquí los pajarillos,
amorosas canciones repitiendo
por juncos y tomillos,   45
de Vos me acuerdan, y yo estoy diciendo:
«Si esta gloria da el suelo,
¿qué gloria será aquella que da el cielo?»
Aquí estos arroyuelos,
jirones de cristal en campo verde,   50
me quitan mis desvelos
y son la causa a que de Vos me acuerde.
Tal es el gran contento
que infunde al alma su sonoro acento.
Aquí silvestres flores   55
el fugitivo viento aromatizan
y de varios colores
aquesta vega humilde fertilizan.
Su belleza me asombra;
calle el tapete y berberisca alfombra.   60
Pues con estos regalos,
con aquestos contentos y alegrías,
¡bendito seas mil veces,
inmenso Dios, que tanto bien me ofreces!

Aquí pienso servirte,   65
ya que el mundo dejé para bien mío;
aquí pienso seguirte,
sin que jamás humano desvarío,
por más que abra la puerta
el mundo a sus engaños, me divierta.   70
Quiero, Señor divino,
pediros de rodillas, humilmente,
que en aqueste camino
siempre me conservéis piadosamente.
Ved que el hombre se hizo   75
de barro vil, de barro quebradizo.

(Entra en una de las grutas.)

Pedrisco (Sale trayendo un haz de leña.)
Como si fuera borrico
vengo de yerba cargado,
de quien el monte está rico;
si esto como, idesdichado!,   80
triste fin me pronostico.
iQue he de comer hierba yo,
manjar que el cielo crió
para brutos animales!
Deme el cielo en tantos males   85
paciencia. Cuando me echó
mi madre al mundo, decía:
«Mis ojos santo te vean,
Pedrisco del alma mía.»
Si esto las madres desean,   90
una suegra y una tía,
¿qué desearán? Que aunque el ser
santo un hombre es gran ventura
es desdicha el no comer.

Perdonad esta locura   95
y este loco proceder,
mi Dios; y pues conocida
ya mi condición tenéis,
no os enojéis porque os pida
que la hambre me quitéis   100
o no sea santo en mi vida.
Y si puede ser, señor,
pues que vuestro inmenso amor
todo lo imposible doma,
que sea santo y que coma   105
mi Dios, mejor que mejor,
De mi tierra me sacó
Paulo diez años habrá
ya aqueste monte apartó;
él en una cueva está   110
y en otra cueva estoy yo.
Aquí penitencia hacemos,
y solo yerba comemos,
y a veces nos acordamos
de lo mucho que dejamos   115
por lo poco que tenemos.
Aquí, al sonoro raudal
de un despeñado cristal,
digo a estos olmos sombríos:
¿Dónde estáis, jamones míos,   120
que no os doléis de mi mal?
Cuando yo solía cursar
la ciudad y no las peñas
(¡memorias me hacen llorar!),
de las hambres más pequeñas   125
gran pesar solíais tomar.
Erais, jamones, leales:
bien os puedo así llamar,

pues merecéis nombres tales,
aunque ya de los mortales   130
no tengáis ningún pesar.
Mas ya está todo perdido;
hierbas comeré afligido,
aunque llegue a presumir
que algún mayo he de parir   135
por las flores que he comido.
Mas Paulo sale de la cueva oscura,
entrar quiero en la mía tenebrosa
y comerlas allí.

(Vase.)

Paulo (Saliendo.)   ¡Qué desventura!   140
¡Y qué desgracia, cierta, lastimosa!
El sueño me venció, viva figura
(por lo menos imagen temerosa)
de la muerte cruel; y al fin, rendido,
la devota oración puse en olvido.   145
Siguióse luego al sueño otro, de suerte,
sin duda, que a mi Dios tengo enojado,
si no es que acaso el enemigo fuerte
haya aquesta ilusión representado.
Siguiose al fin, ¡ay, Dios!, de ver la muerte.   150
¡Qué espantosa figura! ¡Ay, desdichado!
Si el verla en sueño causa tal quimera,
el que vivo la ve, ¿qué es lo que espera?
Tirome el golpe con el brazo diestro
no cortó la guadaña; el arco toma   155
la flecha en el derecho; en el siniestro,
el arco mismo que altiveces doma;
tirome al corazón; yo, que me muestro
al golpe herido, porque el cuerpo coma

la madre tierra, como a su despojo   160
desencarcelo al alma, al cuerpo arrojo.
Salió el alma en un vuelo, en un instante
vi de Dios la presencia. ¡Quién pudiera
no verle entonces! ¡Qué cruel semblante!
Resplandeciente espada y justiciera   165
en la derecha mano, y arrogante
(como ya por derecho suyo era)
el fiscal de las almas miré a un lado,
que aun con ser victorioso estaba airado.
Leyó mis culpas, y mi guarda santa   170
leyó mis buenas obras, y el justicia
mayor del cielo, que es aquel que espanta
de la infernal morada la malicia,
las puso en dos balanzas; mas levanta
el peso de mi culpa y mi injusticia   175
mis obras buenas, tanto, que el juez santo
me condena a los reinos del espanto.
Con aquella fatiga y aquel miedo
desperté, aunque temblando, y no vi nada
si no es mi culpa, y tan confuso quedo,   180
que si no es a mi suerte desdichada
o traza del contrario, ardid o enredo,
que vibra contra mí su ardiente espada,
no sé a qué lo atribuya. Vos, Dios santo,
me declarad la causa de este espanto.   185
¿Heme de condenar, mi Dios divino,
como ese sueño dice, o he de verme
en el sagrado alcázar cristalino?
Aqueste bien, Señor, habéis de hacerme.
¿Qué fin he de tener? Pues un camino   190
sigo tan bueno no queráis tenerme
en esta confusión, Señor eterno.
¿He de ir a vuestro cielo o al infierno?

Treinta años de edad tengo, Señor mío,
y los diez he gastado en el desierto,   195
y si viviera un siglo, un siglo fío
que lo mismo ha de ser; esto os advierto.
Si esto cumplo, Señor, con fuerza y brío,
¿qué fin he de tener? Lágrimas vierto.
Respondedme, Señor, Señor eterno.   200
¿He de ir a vuestro cielo o al infierno?

(El Demonio, que aparece en lo alto de una peña.)

Demonio (Invisible para Paulo.)

    Diez años ha que persigo
a este monje en el desierto,
recordándole memorias
y pasados pensamientos;   205
y siempre le he hallado firme,
como un gran peñasco opuesto.
Hoy duda de su fe, que es duda
de la fe lo que hoy ha hecho,
porque es la fe en el cristiano   210
que sirviendo a Dios y haciendo
buenas obras ha de ir
a gozar de Él en muriendo.
Este, aunque ha sido tan santo,
duda de la fe, pues vemos   215
que quiere del mismo Dios.
estando en duda, saberlo.
En la soberbia también
ha pecado; caso es cierto.
Nadie como yo lo sabe,   220
pues por soberbio padezco.
Y con la desconfianza
le ha ofendido, pues es cierto

que desconfía de Dios
el que a su fe no da crédito.   225
Un sueño la causa ha sido;
el anteponer un sueño
a la fe de Dios, ¿quién duda
que es pecado manifiesto?
Y así me ha dado licencia   230
el juez más supremo y recto,
para que con más engaños
le incite agora de nuevo.
Sepa resistir valiente
los combates que le ofrezco   235
para luego desconfiar
y ser como yo, soberbio.
Su mal ha de restaurar
de la pregunta que ha hecho
a Dios, pues a su pregunta   240
mi nuevo engaño prevengo.
De ángel tomaré la forma,
y responderé a su intento
cosas que le han de costar
su condenación, si puedo.   245

(Déjase ver en figura de ángel.)

Paulo   ¡Dios mío!, aquesto os suplico:
                 ¿Salvareme, Dios inmenso?
                 ¿Iré a gozar vuestra gloria?
                 Que me respondáis espero.

Demonio   Dios, ¡oh Paulo!, te ha escuchado   250
                 y tus lágrimas ha visto.

Paulo (Aparte.) (¡Qué mal el temor resisto!)

Ciego en mirarlo he quedado.

Demonio
Me ha mandado que te saque
de esa ciega confusión,   255
porque esa vana ilusión
de tu contrario se aplaque.
Ve a Nápoles, y a la puerta
que llaman allá del Mar,
que es por donde tú has de entrar   260
a ver tu ventura cierta
o tu desdicha, verás
cerca de allá (estame atento)
un hombre...

Paulo
        ¡Qué gran contento
con tus razones me das!   265

Demonio
Que Enrico tiene por nombre,
hijo del noble Anareto,
Conocerasle, en efecto,
por señas: que es gentilhombre,
alto de cuerpo y gallardo,   270
No quiero decirte más,
porque apenas llegarás
cuando le veas.

Paulo
        Aguardo
lo que le he de preguntar
cuando le llegare a ver.   275

Demonio
Solo una cosa has de hacer.

Paulo
¿Qué he de hacer?

Demonio   Verle y callar,
contemplando sus acciones,
sus obras y sus palabras.

Páulo   En mi pecho ciego labras   280
quimeras y confusiones.
¿Solo eso tengo que hacer?

Demonio   Dios que en él repares quiere,
porque el fin que aquél tuviere
ese fin has de tener.   285

(Desaparece.)

Paulo   ¡Oh misterio soberano!
¿Quién este Enrico será?
Por verle me muero ya.
¡Qué contento estoy, qué ufano!
Algún divino varón   290
debe de ser, ¿quién lo duda?

(Sale Pedrisco.)

Pedrisco (Aparte.)   (Siempre la fortuna ayuda
al más flaco corazón.)
Lindamente he manducado;
satisfecho quedo ya.   295

Paulo   ¡Pedrisco!

Pedrisco   A esos pies está
mi boca.

Paulo   A tiempo has llegado.

	Los dos habemos de hacer	
	una jornada al momento.	

Pedrisco
Brinco y salto de contento.   300
Mas, ¿dónde, Paulo, ha de ser?

Paulo
A Nápoles.

Pedrisco
                    ¿Qué me dice?
¿Y a qué, padre?

Paulo
                              En el camino
sabrá un paso peregrino:
¡Plegue a Dios que sea felice!   305

Pedrisco
¿Si seremos conocidos
de los amigos de allá?

Paulo
Nadie nos conocerá,
que vamos desconocidos
en el traje y en la edad.   310

Pedrisco
Diez años ha que faltamos.
Seguros pienso que vamos,
que es tal la seguridad
de este tiempo que en un hora
se desconoce el amigo.   315

Paulo
Vamos.

Pedrisco
                    ¡Vaya Dios conmigo!

Paulo
De contento el alma llora.
A obedeceros me aplico,

mi Dios; nada me desmaya,
pues Vos me mandáis que vaya   320
a ver al dichoso Enrico.
¡Gran santo debe de ser!
Lleno de contento estoy.

Pedrisco   Y yo, pues contigo voy.
                No puedo dejar de ver,   325
(Aparte.)   (pues que mi bien es tan cierto
                con tan alta maravilla,
                el bodegón de Juanilla
                y la taberna del Tuerto).

(Vanse.)

Demonio   Bien mi engaño va trazado.   330
                Hoy verá el desconfiado
                de Dios y de su poder
                el fin que viene a tener,
                pues él propio lo ha buscado.

(Vase.)

(La acción se traslada a Nápoles. Representa la escena el patio o atrio de la
casa de Celia. Salen Octavio y Lisandro.)

Lisandro   La fama de esa mujer   335
                solo a verla me ha traído.

Octavio   ¿De qué es la fama?

Lisandro   La fama
                que de ella, Octavio, he tenido
                es de que es la más discreta

mujer que en aqueste siglo   340
ha visto el napolitano
reino.

Octavio   Verdad os han dicho;
pero aquesa discreción
es el cebo de sus vicios.
Con ésa engaña a los necios;   345
con ésa estafa a los lindos.
Con una octava o soneto,
que con picaresco estilo
suele hacer de cuando en cuando,
trae a mil hombres perdidos,   350
y por parecer discretos
alaban el artificio
y el lenguaje y los conceptos.

Lisandro   Notables cosas me han dicho
de esta mujer.

Octavio   Está bien.   355
¿No os dijo el que aquesto os dijo
que es de esa mujer la casa
un depósito de vivos,
y que nunca está cerrada
al napolitano rico,   360
ni al alemán, ni al inglés,
ni al húngaro, armenio o indio,
ni aun al español tampoco,
con ser tan aborrecido
en Nápoles?

Lisandro   ¿Eso pasa?   365

Octavio   La verdad es lo que he dicho,
                            como es verdad que venís
                            de ella enamorado.

Lisandro   Afirmo
                            que me enamoró su fama.

Octavio   Pues más hay.

Lisandro   ¿Sois fiel amigo?   370

Octavio   Que tiene cierto mancebo
                            por galán, que no ha nacido
                            hombre tan mal inclinado
                            en Nápoles.

Lisandro   Será Enrico,
                            hijo de Anareto el viejo,   375
                            que pienso que ha cuatro o cinco
                            años que está en una cama
                            el pobre viejo, tullido.

Octavio   El mismo.

Lisandro   Noticia tengo
                            de ese mancebo.

Octavio   Os afirmo,   380
                            Lisandro, que es el peor hombre
                            que en Nápoles ha nacido.
                            Aquesta mujer le da
                            cuanto puede, y cuando el vicio
                            del juego suele apretarle   385
                            se viene a su casa él mismo

y le quita a bofetadas
las cadenas, los anillos...

Lisandro   ¡Pobre mujer!

Octavio   También ella
suele hacer sus ciertos tiros,   390
quitando la hacienda a muchos
con esta falsa poesía.

Lisandro   Pues ya que estoy advertido
de amigo tan buen maestro,
allí veréis si yo sirvo.   400

Octavio   Yo entraré con vos también
mas ojo al dinero, amigo.

Lisandro   Con invención entraremos.

Octavio   Direisle que habéis sabido
que hace versos elegantes,   405
y que a precio de un anillo
unos versos os escriba
a una dama.

Lisandro   ¡Buen arbitrio!

Octavio   Y yo, pues entro con vos,
le diré también lo mismo.   410
Esta es la casa.

Lisandro   Y aun pienso
que está en el patio.

Octavio   Si Enrico
                  nos coge dentro, por Dios
                  que recelo algún peligro.

Lisandro   ¿No es un hombre solo?

Octavio   Sí.   415

Lisandro   No le temo ni le estimo.

(Sale Celia leyendo un papel y Lidora con recado de escribir.)

Celia   Bien escrito está el papel.

Lidora   Es discreto Severino.

Celia   Pues no se le echa de ver
                  notablemente.

Lidora   ¿No has dicho   420
                  que escribe bien?

Celia   Sí, por cierto;
                  la letra es buena; esto digo.

Lidora   Ya entiendo. La mano y pluma
                  son de maestro de niños.

Celia   Las razones, de ignorante.   425

Octavio   Llega, Lisandro, atrevido.

Lisandro   Hermosa es, por vida mía.
                  Muy pocas veces se ha visto

belleza y entendimiento
tanto en un sujeto mismo.   430

Lidora   Dos caballeros, si ya
                se juzgan por el vestido,
                han entrado.

Celia   ¿Qué querrán?

Lidora   Lo ordinario.

Octavio (A Lisandro.)   Ya te ha visto.

Celia   ¿Qué mandan vuestras mercedes?   435

Lisandro   Hemos llegado atrevidos,
                porque en casa de poetas
                y de señoras no ha sido
                vedada la entrada a nadie.

Lidora (Aparte.) (Gran sufrimiento ha tenido,   440
                pues la llamaron poeta
                y ha callado.)

Lisandro   Yo he sabido
                que sois discreta en extremo,
                y que de Homero y de Ovidio
                excedéis la misma fama.   445
                Y así yo y aqueste amigo
                que vuestro ingenio me alaba,
                en competencia venimos
                de que para cierta dama
                que mi amor puso en olvido   450
                y se casó a su disgusto,

le hagáis algo, que yo afirmo
el premio a vuestra hermosura,
si es, señora, premio digno
el daros mi corazón.   455

Lidora   Por Belerma te ha tenido.

Octavio   Yo vine también, señora
                (pues vuestro ingenio divino
                obliga a los que se precian
                de discretos), a lo mismo.   460

Celia   ¿Sobre quién tiene que ser?

Lisandro   Una mujer que me quiso
                cuando tuvo que quitarme,
                y ya que pobre me ha visto
                se recogió a bien vivir.   465

Lidora (Aparte.) (Muy como discreta hizo.)

Celia   A buen tiempo habéis llegado,
                que a un papel que me han escrito
                quería responder ahora,
                y pues decís que de Ovidio   470
                excedo la antigua fama,
                haré ahora más que él hizo.
                A un tiempo se han de escribir
                vuestros papeles y el mío.
(A Lidora.)   Da a todos tinta y papel.   475

Lisandro   ¡Bravo ingenio!

Octavio   ¡Peregrino!

| Lidora | Aquí está tinta y papel. |

| Celia | Escribir, pues. |

| Lisandro | Ya escribimos. |

| Celia | Tú dices que a una mujer
que se casó... |

| Lisandro | Aqueso digo. | 480 |

| Celia | Y tú a la que te dejó
después que no fuiste rico. |

| Octavio | Así es verdad. |

| Celia | Y yo aquí
le respondo a Severino. |

(Entran Enrico y Galván con espada y broquel.)

| Enrico | ¿Qué se busca en esta casa,
hidalgos? | 485 |

| Lisandro | Nada buscamos;
estaba abierta, y entramos. |

| Enrico | ¿Conóceme? |

| Lisandro | Aquesto pasa. |

| Enrico | Pues váyanse en hora mala,
que voto a Dios si me enojo | 490 |

	(no me hagas, Celia del ojo).	

Octavio   ¿Qué locura a aquésta iguala?

Enrico   Que los arroje en el mar,
aunque esté lejos de aquí.

Celia (Aparte, a Enrico.)
            (Mi bien, por amor de mí.)   495

Enrico   ¿Tú te atreves a llegar?

Lisandro   ¿Sois pariente o sois hermano
de aquesta señora?

Enrico   Soy
el diablo.

Galván   Yo ya estoy
con la hojarasca en la mano.   500
¡Sacúdelos!

Octavio   ¡Deteneos!

Enrico   ¡Mi bien, por amor de Dios!

Octavio   Aquí vinimos los dos
no con lascivos deseos,
sino a que nos escribiese   505
unos papeles.

Enrico   Pues ellos,
que se precian de tan bellos,
¿no saben escribir?

Octavio   Cese
vuestro enojo.

Enrico   ¿Qué es cesar?
¿Qué es de lo escrito?

Octavio   Esto es.   510

Enrico   Vuelvan por ellos, después,
porque ahora no hay lugar.

(Los rompe.)

Celia   ¿Los rompiste?

Enrico   Claro está.
Y si me enojo...

Celia   ¡Mi bien!

Enrico   Haré lo mismo también   515
de sus caras.

Lisandro   Basta ya.

Enrico   Mi gusto tengo de hacer
en todo cuanto quisiere,
y si voarcé lo quiere,
seor hidalgo, defender,   520
cuéntese sin piernas ya,
porque yo nunca temí
hombres como ellos.

Lisandro   ¡Que así
         nos trate un hombre!

Octavio   ¡Calla!

Enrico   Ellos se precian de hombres   525
         siendo de mujer las almas
         si pretenden llevar palmas
         y ganar honrosos nombres,
         defiéndanse de esta espada.

Celia   ¡Mi bien!

Enrico   ¡Aparta!

Celia   ¡Detente!   530

Enrico   Nadie detenerme intente.

Celia   ¡Qué es aquesto! ¡Ay, desdichada!

(Octavio y Lisandro huyen.)

Lidora   Huyendo va, que es belleza.

Galván   ¡Qué cuchillada le di!

Enrico   Viles gallinas. ¿Así   535
         afrentáis vuestra destreza?

Celia   Mi bien, ¿qué has hecho?

Enrico   Nonada.
         Gallardamente le di

a aquel más alto. Le abrí
un jeme de cuchillada.   540

Lidora   Bien el que entra a verte gana.

Galván   Una punta le tiré
a aquel más bajo, y le eché
fuera una arroba de lana.
¡Terrible peto traía!   545

Enrico   Siempre, Celia, me has de dar
disgusto.

Celia   Basta el pesar;
sosiega, por vida mía.

Enrico   ¿No te he dicho que no gusto
que entren esos marquesotes?   550
¿Todos guedeja y bigotes
adonde me dan disgusto?
¿Qué provecho tienes de ellos?
¿Qué te ofrecen? ¿Qué te dan
éstos, que contino están   555
rizándose los cabellos?
De peña, de roble o risco
es al dar su condición
su bolsa hizo profesión
en la Orden de San Francisco.   560
Pues ¿para qué los admites?
¿Para qué les das entrada?
¿No te tengo yo avisada?
Tú harás algo que me incite
a cólera.

| Celia | Bueno está. | 565 |

| Enrico | ¡Apártate! |

Celia   Oye, mi bien;
porque sepas que hay también
alguno en éstos que da.
Aqueste anillo y cadena
me dieron éstos.

Enrico   ¿A ver?   570
La cadena he menester,
que me parece muy buena.

Celia   ¿La cadena?

Enrico   Y el anillo
también me hace falta hora.

Lidora   Déjale algo a mi señora.   575

Enrico   Ella, ¿no sabrá pedillo?
¿Para qué lo pides tú?

Galván   Ésta por hablar se muere.

Lidora (Aparte.)   (Mal haya quien bien os quiere,
rufianes de Belcebú.)   580

Celia   Todo es tuyo, vida mía;
y pues yo tan tuya soy,
escúchame.

Enrico   Atento estoy.

Celia	Solo pedirte quería	

Celia

Solo pedirte quería
que nos lleves esta tarde   585
a la Puerta de la Mar.

Enrico

El manto puedes tomar.

Celia

Yo haré que allá nos aguarde
la merienda.

Enrico

          ¿Oyes, Galván?
Ve a avisar luego al instante   590
a nuestro amigo Escalante,
a Cherinos y a Roldán,
que voy con Celia.

Galván

                Sí haré.

Enrico

Di que a la Puerta del Mar
nos vayan luego a esperar   595
con sus mozas.

Lidora

             ¡Bien, a fe!

Galván

Ello habrá lindo bureo;
mas que ha de haber cuchilladas.

Celia

¿Quieres que vamos tapadas?

Enrico

No es eso lo que deseo.   600
Descubiertas habéis de ir,
porque quiero en este día
que sepan que tú eres mía.

Celia   ¿Cómo te podré servir?
                         Vamos.

Lidora (Aparte, a Celia.)
                                Tú eres inocente.   605
                         ¿Todas las joyas le has dado?

Celia   Todo está bien empleado
                         en hombre que es tan valiente.

Galván   Mas ¿qué, no te acuerdas ya
                         que te dijeron ayer   610
                         que una muerte habías de hacer?

Enrico   Cobrada y gastada está
                         ya la mitad del dinero.

Galván   Pues ¿para qué vas al Mar?

Enrico   Después se podrá trazar,   615
                         que ahora, Galván, no quiero.
                         Anillo y cadena tengo
                         que me dio la tal señora:
                         dineros sobran ahora.

Galván   Ya tus intentos prevengo.   620

Enrico   Viva alegre el desdichado,
                         libre de cuidado y pena,
                         que en gastando la cadena
                         le daremos su recado.

(Vanse todos y entran Paulo y Pedrisco.)

| Pedrisco | Maravillado estoy de tal suceso. | 625 |

| Paulo | Secretos son de Dios. | |

| Pedrisco | ¿De modo, padre,
que el fin que ha de tener aqueste Enrico
ha de tener también? | |

| Paulo | Faltar no puede
la palabra de Dios; el ángel suyo
me dijo que si Enrico se condena
yo me he de condenar, y si él se salva,
también me he de salvar. | 630 |

| Pedrisco | Sin duda, padre,
que es un santo varón aqueste Enrico. | |

| Paulo | Eso mismo imagino. | |

| Pedrisco | Esta es la puerta
que llaman de la Mar. | 635 |

| Paulo | Aquí me manda
el ángel que le aguarde. | |

| Pedrisco | Aquí vivía
un tabernero gordo, padre mío,
a donde yo acudía muchas veces,
y más allá, si acaso se le acuerda,
vivía aquella moza rubia y alta,
que arquero de la guardia parecía,
a quien él requebraba. | 640 |

| Paulo | ¡Oh vil contrario! | |

Livianos pensamientos me fatigan.
¡Oh cuerpo flaco! Hermano, escuche.

Pedrisco   Escucho.   645

Paulo   El contrario me tiene con memoria
             y con pasados gustos...

(Échase en el suelo.)

Pedrisco   Pues, ¿qué hace?

Paulo   En el suelo me arrojo desta suerte,
             para que en él me pise; llegue, hermano,
             píseme muchas veces.

Pedrisco   En buena hora,   650
(Písale.)   que soy muy obediente, padre mío.
             ¿Písole bien?

Paulo   Sí, hermano.

Pedrisco   ¿No le duele?

Paulo   Pise y no tenga pena.

Pedrisco   ¿Pena, padre?
             ¿Por qué razón he yo de tener pena?
             Piso y repiso, padre de mi vida;   655
             mas temo no reviente, padre mío.

Paulo   Píseme, hermano.

(Dan voces desde dentro, deteniendo a Enrico.)

| Roldán | Deteneos, Enrico. |

| Enrico (Dentro.) | Al mar he de arrojalle, ¡vive el cielo! |

| Paulo | A Enrico oí nombrar. |

| Enrico (Dentro.) | ¿Gente mendiga | 660 |
ha de haber en el mundo?

| Cherinos | ¡Deteneos! |

| Enrico (Dentro.) | Podrasme detener en arrojándole. |

| Celia (Dentro.) | ¿Adónde vas? ¡Detente! |

| Enrico (Dentro.) | No hay remedio:
harta merced te hago, pues te saco
de una grande miseria. |

| Roldán (Dentro.) | ¿Qué habéis hecho? | 665 |

(Salen Enrico, Celia, Roldán, Escalante, Lidora, Cherinos y Galván. El ermitaño
y Pedrisco se retiran a un lado y observan, los demás personajes ocupan el
medio del teatro.)

| Enrico | Llegó a pedirme un pobre una limosna;
doliome el verle con tan gran miseria,
y porque no llegase a avergonzarse
a otro desde hoy, cogile en brazos
y le arrojé en el mar. |

| Paulo | ¡Delito inmenso! | 670 |

Enrico   Ya no será más pobre, según pienso.

Pedrisco   ¡Algún diablo limosna te pidiera!

Celia   ¡Siempre has de ser cruel!

Enrico   No me repliques,
que haré contigo y los demás lo mismo.

Escalante   Dejemos eso agora, por tu vida.   675
Sentémonos los dos, Enrico amigo.

Paulo (A Pedrisco.)   A éste han llamado Enrico.

Pedrisco   Será otro.
¿Querías tú que fuese este mal hombre,
que en vida está ya ardiendo en los infiernos?
Aguardemos a ver en lo que para.   680

Enrico   Pues siéntense voarcedes, porque quiero
haya conversación.

Escalante   Muy bien ha dicho.

Enrico   Siéntese, Celia, aquí.

Celia   Ya estoy sentada.

Escalante   Tú, conmigo, Lidora.

Lidora   Lo mismo digo yo, señor Escalante.   685

Cherinos   Siéntese aquí, Roldán.

Roldán   Ya voy, Cherinos.

Pedrisco   ¡Mire qué buenas almas, padre mío!
Lléguese más, verá de lo que tratan.

Paulo   ¡Que no viene mi Enrico!

Pedrisco   Mire y calle,
que somos pobres y este desalmado   690
no nos eche en el mar.

Enrico   Agora quiero
que cuente cada uno de voarcedes
las hazañas que ha hecho en esta vida.
Quiero decir..., hazañas, latrocinios,
cuchilladas, heridas, robos, muertes,   695
salteamientos y cosas de este modo.

Escalante   Muy bien ha dicho Enrico.

Enrico   Y al que hubiere
hecho mayores males al momento
una corona de laurel le pongan,
cantándole alabanzas y motetes.   700

Escalante   Soy contento.

Enrico   Comience, seo Escalante.

Paulo   ¡Que esto sufre el Señor!

Pedrisco   Nada le espante.

Escalante   Yo digo ansí.

Pedrisco   ¡Qué alegre y satisfecho!

Escalante   Veinticinco pobretes tengo muertos,
              seis casas he escalado y treinta heridas   705
              he dado con la chica.

Pedrisco   ¡Quién te viera
              hacer en una horca cabriolas!

Enrico   Diga Cherinos.

Pedrisco   ¡Qué ruin nombre tiene!
              Cherinos, cosa poca.

Cherinos   Yo comienzo.
              No he muerto a ningún hombre; pero he dado   710
              más de cien puñaladas.

Enrico   ¿Y ninguna
              fue mortal?

Cherinos   Amparoles la fortuna.
              De capas que he quitado en esta vida
              y he vendido a un ropero, está ya rico.

Enrico   ¿Véndelas él?

Cherinos   ¿Pues no?

Enrico   ¿No las conocen?   715

Cherinos   Por quitarse de aquestas ocasiones
              las convierte en ropillas y calzones.

40

Enrico	¿Habéis hecho otra cosa?

Cherinos	No me acuerdo.

Pedrisco	Mas, ¿qué le absuelve ahora el ladronazo?

Celia	Y tú, ¿qué has hecho, Enrico?

Enrico	Oigan voarcedes. 720

Escalante	Nadie cuente mentiras.

Enrico	Yo soy hombre que en mi vida las dije.

Galván	Tal se entiende.

Pedrisco	¿No escucha, padre mío, estas razones?

Paulo	Estoy mirando a ver si viene Enrico.

Enrico	Haya, pues, atención.

Celia	Nadie te impide. 725

Pedrisco	¡Miren a qué sermón atención pide!

Enrico	Yo nací mal inclinado, como se ve en los efectos del discurso de mi vida, que referiros pretendo. 730 Con regalos me crié en Nápoles, que ya pienso

que conocéis a mi padre,
que aunque no fue caballero
ni de sangre generosa,   735
era muy rico y yo entiendo
que es la mayor calidad
el tener en este tiempo.
Crieme, en fin, como digo,
entre regalos, haciendo   740
travesuras cuando niño,
locuras cuando mancebo.
Hurtaba a mi viejo padre
arcas y cofres abriendo
los vestidos que tenía,   745
las joyas y los dineros.
Jugaba, y digo jugaba
para que sepáis con esto
que de cuantos vicios hay
es el primer padre el juego.   750
Quedé pobre y sin hacienda,
y como enseñado a hacerlo,
di en robar de casa en casa
cosas de pequeño precio.
Iba a jugar y perdía;
mis vicios iban creciendo.   755
Di luego en acompañarme
con otros del arte mesmo;
escalamos siete casas,
dimos la muerte a sus dueños;
lo robado repartimos   760
para dar caudal al juego.
De cinco que éramos todos
solo los cuatro prendieron,
y nadie me descubrió,
aunque les dieron tormento.   765

Pagaron en una plaza
su delito, y yo, con esto
de escarmentado, acogime
a hacer a solas mis hechos.
Íbame todas las noches   770
solo a la casa de juego,
donde a su puerta aguardaba
a que saliesen de dentro.
Pedía con cortesía
el barato, y cuando ellos   775
iban a sacar qué darme,
sacaba yo el fuerte acero
que riguroso escondía
en sus inocentes pechos,
y por fuerza me llevaba   780
los que ganando perdieron.
Quitaba de noche capas;
tenía diversos hierros
para abrir cualquier puerta
y hacerme capaz del dueño.   785
Las mujeres estafaba,
y no dándome el dinero
visitaba una navaja
su rostro luego, al momento.
Aquestas cosas hacía   790
el tiempo que fui mancebo;
pero escuchadme y sabréis,
siendo hombre, las que he hecho.
A treinta desventurados
yo solo y aqueste acero,   795
que es de la muerte ministro,
del mundo sacado habemos;
los diez, muertos por mi gusto,
y los veinte me salieron,

uno con otro, a doblón.   800
Diréis que es pequeño precio;
es verdad: mas, ¡voto a Dios!
que en faltándome el dinero
que maté por un doblón
a cuantos me están oyendo.   805
Seis doncellas he forzado
dichoso llamarme puedo,
pues seis he podido hallar
en este felice tiempo.
De una principal casada   810
me aficioné, y en secreto
habiendo entrado en su casa
a ejecutar mi deseo,
dio voces; vino el marido,
y yo, enojado y resuelto,   815
llegué con él a los brazos,
y tanto en ellos le aprieto
que perdió tierra, y apenas
en este punto le veo
cuando de un balcón le arrojo   820
y en el suelo cayó muerto.
Dio voces la tal señora,
y yo, sacado el acero,
te meto cinco a seis veces,
en el cristal de su pecho,   825
donde puertas de rubíes
en campos de cristal bellos
le dieron salida al alma
para que se fuese huyendo.
Por hacer mal solamente   830
he jurado juramentos
falsos, fingido quimeras,
hecho máquinas, enredos,

y un sacerdote que quiso
reprenderme con buen celo   835
de un bofetón que le di
cayó en tierra medio muerto.
Porque supe que encerrado
en casa de un pobre viejo
estaba un contrario mío   840
a la casa puse fuego,
y sin poder remediallo
todos se quemaron dentro,
y hasta dos niños hermanos
cenizas quedaron hechos.   845
No digo jamás palabra
si no es con un juramento,
con un «pese» o un «por vida»,
porque sé que ofendo al cielo.
En mi vida misa oí,   850
ni estando en peligros ciertos
de morir me he confesado
ni invocado a Dios eterno.
No he dado limosna nunca,
aunque tuviese dinero;   855
antes persigo a los pobres,
como habéis visto el ejemplo.
No respeto a religiosos,
de sus iglesias y templos
seis cálices he robado   860
y diversos ornamentos
que sus altares adornan.
Ni a la justicia respeto;
mil veces me he resistido
y a sus ministros he muerto;   865
tanto, que para prenderme
no tienen ya atrevimiento.

                    Y finalmente, yo estoy
                    preso por los ojos bellos
                    de Celia, que está presente;   870
                    todos la tienen respeto
                    por mí, que la adoro y cuando
                    sé que la sobran dineros,
                    con lo que me da, aunque poco,
                    mi viejo padre sustento,   875
                    que ya le conoceréis
                    por el nombre de Anareto.
                    Cinco años ha que tullido
                    en una cama le tengo,
                    y tengo piedad con él   880
                    por estar pobre el buen viejo,
                    y porque soy causa, en fin,
                    de ponelle en tal extremo
                    por jugarle yo su hacienda
                    el tiempo que fui mancebo.   885
                    Todo es verdad lo que he dicho,
                    ¡voto a Dios!, y que no miento.
                    Juzgad ahora vosotros
                    cuál merece mayor premio.

Pedrisco   Cierto, padre de mi vida,   890
                    que son servicios tan buenos,
                    que puede ir a pretender
                    éste a la Corte.

Escalante   Confieso
                    que tú el lauro has merecido.

Roldán   Y yo confieso lo mesmo.   895

Cherinos   Todos lo mesmo decimos.

46

Celia   El laurel darte pretendo.

Enrico   Vivas, Celia, muchos años.

Celia (Poniendo a Enrico una corona de laurel.)
                           Toma mi bien, y con esto
                           pues que la merienda aguarda,   900
                           nos vamos.

Galván   Muy bien has hecho.

Celia   Digan todos: ¡Viva Enrico!

Todos   ¡Viva el hijo de Anareto!

Enrico   Al punto todos vayamos
                           a holgarnos y entretenernos.   905

(Vanse Enrico y los que salieron con él.)

Paulo   ¡Salid, lágrimas, salid;
                           salid apriesa del pecho,
                           no lo dejéis de vergüenza!
                           ¡Qué lastimoso suceso!

Pedrisco   ¿Qué tiene, padre?

Paulo   ¡Ay, hermano!   910
                           Penas y desdichas tengo.
                           Este mal hombre que he visto
                           es Enrico.

Pedrisco   ¿Cómo es eso?

Paulo   Las señas que me dio el ángel
             son suyas.

Pedrisco   ¿Es eso cierto?   915

Paulo   Sí, hermano, porque me dijo
             que era hijo de Anareto,
             y aquese también lo ha dicho.

Pedrisco   Pues aqueste ya está ardiendo
             en los infiernos.

Paulo   ¡Ay triste!   920
             Eso solo es lo que temo.
             El ángel de Dios me dijo
             que si éste se va al infierno
             que al infierno tengo de ir,
             y al cielo, si éste va al cielo.   925
             Pues al cielo, hermano mío,
             ¿Cómo ha de ir éste si vemos
             tantas maldades en él,
             tantos robos manifiestos,
             crueldades y latrocinios   930
             y tan viles pensamientos?

Pedrisco   En eso, ¿quién pone duda?
             Tan cierto se irá al infierno
             como el despensero Judas.

Paulo   ¡Gran Señor, Señor eterno!   935
             ¿Por qué me habéis castigado
             con castigo tan inmenso?
             Diez años y más, Señor,

ha que vivo en el desierto,
comiendo hierbas amargas,   940
salobres aguas bebiendo,
solo porque Vos, Señor,
juez piadoso, sabio recto,
perdonarais mis pecados.
¡Cuán diferente lo veo!   945
Al infierno tengo de ir.
Ya me parece que siento
que aquellas voraces llamas
van abrasando mi cuerpo.
¡Ay, qué rigor!

Pedrisco   Ten paciencia.   950

Paulo   ¿Qué paciencia o sufrimiento
                   ha de tener el que sabe
                   que ha de ir a los infiernos?
                   Al infierno, centro oscuro,
                   donde ha de ser el tormento   955
                   eterno y ha de durar
                   lo que Dios durare. ¡Ah cielo!
                   ¡Que nunca se ha de acabar!
                   ¡Que siempre han de estar ardiendo
                   las almas! ¡Siempre! ¡Ay de mí! 960

Pedrisco (Aparte.) (Solo oírte me da miedo.)
                    Padre, volvamos al monte.

Paulo   Que allá volvamos pretendo;
                   pero no a hacer penitencia,
                   porque ya no es de provecho.   965
                   Dios me dijo que si aqueste
                   se iba al cielo, me iría al cielo,

y al profundo si al profundo,
pues es así seguir quiero
su misma vida; perdone   970
Dios aqueste atrevimiento
si su fin he de tener,
tenga su vida y sus hechos,
que no es bien que yo en el mundo
esté penitencia haciendo   975
y que él viva en la ciudad
con gustos y con contentos
y que a la muerte tengamos
un fin.

Pedrisco   Es discreto acuerdo.   980
           Bien ha dicho padre mío.

Paulo   En el monte hay bandoleros;
           bandolero quiero ser,
           porque así igualar pretendo
           mi vida con la de Enrico,   985
           pues un mismo fin tendremos.
           Tan malo tengo de ser
           como él, y peor si puedo,
           que pues ya los dos estamos
           condenados al infierno,   990
           bien es que antes de ir allá
           en el mundo nos venguemos.
           ¡Ah Señor! ¿Quién tal pensara?

Pedrisco   Vamos, y déjate de eso,
           y destos árboles altos   995
           los hábitos ahorquemos.
           Viste galán.

Paulo

                    Así haré,
y yo haré que tengan miedo
a un hombre que siendo justo
se ha condenado al infierno.   1000
Rayo del mundo he de ser.
¿Qué se ha de hacer sin dineros?
Yo los quitaré al demonio
si fuere cierto el traerlos.

Pedrisco   Vamos, pues.

Paulo   Señor, perdona   1005
si injustamente me vengo.
Tú me has condenado ya;
tu palabra es caso cierto
que atrás no puede volver.
Pues si es así, tener quiero   1010
en el mundo buena vida,
pues tan triste fin espero.
Los pasos pienso seguir
de Enrico.

Pedrisco   Ya voy temiendo
que he de ir contigo a las ancas   1015
cuando vayas al infierno.

Fin de la primera jornada

Jornada segunda

(Sala en casa de Anareto. Una puerta de alcoba en el fondo, con las cortinas
echadas.)

| Enrico | ¡Válgate el diablo el juego! |
| | ¡Qué mal que me has tratado! |

| Galván | Siempre eres desdichado |

| Enrico | Fuego en las manos, fuego: |
| | ¿Estáis descomulgadas? | 5 |

| Galván | Echáronte a perder suertes trocadas. |

| Enrico | Derechas no las gano; |
| | si las trueco, tampoco. |

| Galván | Él es un juego loco. |

Enrico	Esta derecha mano	10
	me tiene destruido;
	noventa y nueve escudos he perdido.

| Galván | ¿Pues para qué estás triste, |
| | que nada te costaron? |

Enrico	¡Qué poco que duraron!	15
	¿Viste tal cosa? ¿Viste
	multitud de suertes?

Galván	Con esa pesadumbre te diviertes
	y no cuidas de nada,
	y has de matar a Albano,	20

que de Laura el hermano
te tiene ya pagada
la mitad del dinero.

Enrico   Sin blanca estoy; matar a Albano quiero.

Galván   ¿Y aquesta noche Enrico,   25
              Cherinos y Escalante?
              Empresa es importante.

Enrico   A ayudarlos me aplico.
              ¿No han de robar la casa
              de Octavio el genovés?

Galván   Aquesto pasa.   30

Enrico   Pues yo seré el primero
              que suba a sus balcones.
              En tales ocasiones
              aventajarme quiero.
              Ve y diles que aquí aguardo.   35

Galván   Volando voy, que en todo eres gallardo.

(Vase.)

Enrico   Pues mientras ellos se tardan
              y el manto lóbrego aguardan,
              que su remedio ha de ser,
              quiero un viejo padre ver   40
              que aquestas paredes guardan.
              Cinco años ha que le tengo
              en una cama tullido,
              y tanto a estimarle vengo

que con andar tan perdido   45
a mi costa le mantengo.
De lo que Celia me da
o yo por fuerza le quito,
traigo lo que puedo acá
y su vida solicito,   50
que acabando el curso va.
De lo que de noche puedo,
varias casas escalando,
robar con cuidado o miedo
voy su sustento aumentando   55
y a veces sin él me quedo.
Que esta virtud solamente
en mi vida distraída
conservo piadosamente,
que es deuda al padre debida   60
el serle el hijo obediente.
En mi vida le ofendí
ni pesadumbre le di;
en todo cuanto mandó
obediente me halló   65
desde el día que nací,
que aquestas mis travesuras,
mocedades y locuras
nunca a saberlas llegó,
que a saberlas, bien sé yo   70
que aunque mis entrañas duras,
de peña, al blando cristal
opuesta fueron formadas
y mi corazón igual
a las fieras encerradas   75
en riscos de pedernal,
que las hubiera atajado;
pero siempre le he tenido

donde de nadie informado
ni un disgusto ha recibido   80
de tantos como he causado.

(Descorre las cortinas de la alcoba y se ve a Anareto dormido en una silla.)

Aquí está; quiérole ver.
Durmiendo está, al parecer.
¡Padre!

Anareto (Despertando.)
¡Mi Enrico querido!   85

Enrico
Del descuido que he tenido
perdón espero tener
de vos, padre de mis ojos.
¿Heme tardado?

Anareto
No, hijo.

Enrico
No os quisiera dar enojos.   90

Anareto
En verte me regocijo.

Enrico
No el Sol con celajes rojos
saliendo a dar resplandor
a la tiniebla mayor
que espera tan alto bien,   95
parece al día también,
como vos a mí, señor;
que vos para mí sois Sol,
y los rayos que arrojáis
de ese divino arrebol   100
son las canas con que honráis

este reino.

Anareto   Eres crisol
donde la virtud se apura.

Enrico   ¿Habéis comido?

Anareto   Yo, no.

Enrico   ¿Hambre tendréis?

Anareto   La ventura   105
de mirarte me quitó
la hambre.

Enrico   No me asegura,
padre mío, esa razón,
nacida de la afición
tan grande que me tenéis;   110
pero agora comeréis,
que las dos pienso que son
de la tarde. Ya la mesa
os quiero, padre, poner.

Anareto   De tu cuidado me pesa.   115

Enrico   Todo esto y más ha de hacer
el que obediencia profesa.
(Aparte.)   (Del dinero que jugué
un escudo reservé
para comprar qué comiese,   120
porque aunque al juego le pese
no ha de faltarme esta fe.)
Aquí traigo en el lenzuelo,

padre mío, qué comáis.
Estimad mi justo celo.   125

Anareto   Bendito, Dios mío, seáis
                 en la tierra y en el cielo
                 pues que tal hijo me distes
                 cuando tullido me vistes
                 que mis pies y manos sea.   130

Enrico   Comed, porque yo lo vea.

Anareto   Miembros cansados y tristes,
                 ayudadme a levantar.

Enrico   Yo, padre, os quiero ayudar.

Anareto   Fuerza me infunden tus brazos.   135

Enrico   Quisiera en estos abrazos
                 la vida poderos dar.
                 Y digo, padre, la vida
                 porque tanta enfermedad
                 es ya muerte conocida.   140

Anareto   La divina voluntad
                 se cumpla.

Enrico   Ya la comida
                 os espera. ¿Llegaré
                 la mesa?

Anareto   No, hijo mío,
                 que el sueño me vence.

Enrico   A fe,   145
pues, dormid.

Anareto   Dádome ha un frío
muy grande.

Enrico   Yo os llegaré
la ropa.

Anareto   No es menester.

Enrico   Dormid.

Anareto   Yo, Enrico, quisiera
por llegar siempre a temer   150
que en viéndote es la postrera
vez que te tengo que ver,
porque aquesta enfermedad
me trata con tal crueldad
que quisiera que tomaras   155
estado.

Enrico   ¿En eso reparas?
Cúmplase tu voluntad.
Mañana pienso casarme.
(Quiero darle aqueste gusto.
aunque finja.)

Anareto   Será darme   160
la salud.

Enrico   Hacer es justo
lo que tú puedes mandarme.

Anareto   Moriré, Enrico, contento.

Enrico   Darte gusto en todo intento,
                           porque veas de esta suerte   165
                           que por solo obedecerte
                           me sujeto al casamiento.

Anareto   Pues, Enrico, como viejo
                           te quiero dar un consejo.
                           No busques mujer hermosa,   170
                           porque es cosa peligrosa
                           ser en cárcel mal segura
                           alcaide de una hermosura
                           donde es la afrenta forzosa.
                           Está atento, Enrico.

Enrico   Di.   175

Anareto   Y nunca entienda de ti
                           que de su amor no te fías,
                           que viendo que desconfías,
                           todo lo ha de hacer así.
                           Con tu mismo ser la iguala: 180
                           ámala, sirve y regala,
                           con celos no la des pena,
                           que no hay mujer que sea buena
                           si ve que piensas que es mala.
                           No declares tu pasión   185
                           hasta llegar la ocasión,
                           y luego...

(Se duerme.)

Enrico   Venciole el sueño,

que es de los sentidos dueño,
a dar la mejor lición.
Quiero la ropa llegalle   190
y de esta suerte dejalle
(Arrópale.)   hasta que repose.

(Llega Galván.)

Galván   Ya
todo prevenido está,
y mira que por la calle
viene Albano.

Enrico   ¿Quién?   195

Galván   A quien la muerte has de dar.

Enrico   ¿Pues yo he de ser tan tirano

Galván   ¿Cómo?

Enrico   ¿Yo lo he de matar
por un interés liviano?

Galván   ¿Ya tienes temor?

Enrico   Galván,   200
estos dos ojos, que están
con este sueño cubiertos,
por mirar que están despiertos
aqueste temor me dan.
No me atrevo, aunque mi nombre   205
tiene su altivo renombre
en las memorias escrito,

intentar tan gran delito
donde está durmiendo un hombre.

Galván   ¿Quién es?

Enrico   Un hombre eminente   210
a quien temo solamente
y en esta vida respeto;
que para el hijo discreto
es el padre muy valiente.
Si conmigo le llevara   215
siempre, nunca yo intentara
los delitos que condeno,
pues fuera su vista el freno
que en la ocasión me tirara.
Pero corre esa cortina;   220
que el no verle podrá ser
(pues mi favor hace mina)
que rigor venga a tener
si ahora a piedad me inclina.

Galván (Corre las cortinas.)
                     Ya está corrida.

Enrico   Galván   225
ahora que no le veo
ni sus ojos luz me dan,
matemos, si es tu deseo,
cuantos en el mundo están.

Galván   Pues mira, que viene Albano,   230
y que de Laura al hermano
que le des muerte conviene.

Enrico   Pues él a buscarla viene,
                          dale por muerto.

Galván   Eso es llano.

Albano (Cruzando el teatro.)
                          El Sol a poniente va,   235
                          como va mi edad también,
                          y con cuidado estará
                          mi esposa.

(Vase.)

Enrico (Se ha quedado inmóvil, mirando a Albano al tiempo de salir.)
                          ¡Brazo, detén!

Galván   ¿Qué aguardas, Enrico, ya?

Enrico   Miro un hombre que es retrato   240
                          y viva imagen de aquel
                          a quien siempre de honrar trato;
                          pues di, si aquí soy cruel,
                          ¿no seré a mi padre ingrato?
                          Hoy de mis manos tiranas   245
                          por ser viejo, Albano, ganas
                          la cortesía que esperas,
                          que son piadosas terceras,
                          aunque mudas, esas canas.
                          Vete libre, que repara   250
                          mi honor (que así se declara,
                          aunque mi opinión no cuadre)
                          que pensara que a mi padre
                          mataba si te matara.
                          ¡Ay canas! Los que aborrecen   255

pocos las ofenderán,
pues tan seguras se van
cuando enemigas se ofrecen.

Galván   ¡Vive Dios, que no te entiendo!
          Otro eres ya del que fuiste.   260

Enrico   Poco mi valor ofendo.

Galván   Darme la muerte pudiste.

Enrico   No es eso lo que pretendo.
          A nadie temí en mi vida,
          varios delitos he hecho,   265
          he sido fiero homicida
          y no hay maldad que en mi pecho
          no tenga siempre acogida;
          pero en llegando a mirar
          las canas que supe honrar   270
          porque en mi padre las vi,
          todo el furor reprimí
          y las procuré estimar.
          Si yo supiera que Albano
          era de tan larga edad,   275
          nunca de Laura al hermano
          prometiera tal crueldad.

Galván   Respeto fue necio y vano.
          El dinero que te dio
          por fuerza habrás de volver,   280
          ya que Albano no murió.

Enrico   Podrá ser.

Galván	¿Qué es podrá ser?

Enrico	Podrá ser si quiero yo.

Galván	Él viene.

(Sale Octavio.)

Octavio	A Albano encontré,
	vivo y sano como yo.	285

Enrico	¡Ya lo creo!

Octavio	Y no pensé
	que la palabra que dio
	de matarle vuesasté
	no se cumpliera tan bien
	como se cumplió la paga.	290
	¿Esto es ser hombre de bien?

Galván (Aparte.)	(Éste busca que le den
	un bofetón con la daga.)

Enrico	No mato a hombres viejos yo,
	y si a voarcé le ofendió,	295
	vaya y mátele al momento,
	que yo quedo muy contento
	con la paga que me dio.

Octavio	El dinero ha de volverme.

Enrico	Váyase voarcé con Dios.	300
	No quiera enojado verme,
	que, ¡juro a Dios!...

(Sacan las espadas Octavio y Enrico y se acuchillan.)

Galván   Ya los dos
                     riñen: el diablo no duerme.

Octavio   Mi dinero he de cobrar.

Enrico   Pues yo no lo pienso dar.   305

Octavio   Eres un gallina.

Enrico   ¡Mientes!

(Le hiere.)

Octavio   ¡Muerto soy!

Enrico   Mucho lo sientes.

Galván   Hubiérase ido a acostar.

Enrico   A hombres como tú, arrogantes,
                 doy la muerte yo, no a viejos,   310
                 que con canas y consejos
                 vencen ánimos gigantes.
                 Y si quisieres probar
                 lo que llego a sustentar,
                 pide a Dios, si Él lo permite,   315
                 que otra vez te resucite
                 y te volveré a matar.

(Llega el gobernador con sus hombres. Luego cambia el decorado, trasladando la escena a un bosque a la orilla del mar. Paulo y Pedrisco, de bandoleros. Otros bandoleros que traen presos a tres caminantes.)

Gobernador (Dentro.)

    ¡Prendedle! ¡Dadle muerte!

Galván

               Aquesto es malo;
más de cien hombres vienen a prenderte
con el Gobernador.

Enrico

               Vengan seiscientos.   320
Si me prenden, Galván, mi muerte es cierta;
si me defiendo, puede hacer mi dicha
que no me maten y que yo me escape;
y más quiero morir con honra y fama.
Aquí está Enrico. ¿No llegáis, cobardes?   325

Galván

Cercado te han por todas partes.

Enrico

                  Cerquen;
que vive Dios que tengo que arrojarme
por entre todos.

Galván

           Yo tus pasos sigo.

Enrico

Pues haz cuenta que César va contigo.

(Acometen al Gobernador y los que le acompañan.)

Gobernador

    ¿Eres demonio?

Enrico

           Soy un hombre solo   330
que huye de morir.

Gobernador   Pues date preso
                y yo te libraré.

Enrico   No pienso en eso.
                Así habéis de prenderme.

(Lidiando.)

Galván   Sois cobardes.

Gobernador (Cayendo en brazos de los suyos.)
                ¡Ay de mí! ¡Muerto soy!

Un Esbirro   ¡Grande desdicha!
                ¡Mató al Gobernador!

Otro   ¡Mala palabra!   335

(Vanse todos.)

Enrico   Ya aunque la tierra sus entrañas abra
                y en ellas me sepulte, es imposible
                que me pueda escapar; tú, mar soberbio,
                en tu centro me esconde; con la espada
                en la boca tengo de arrojarme.   340
                Tened misericordia de mi alma,
                Señor inmenso; que aunque soy tan malo
                no dejo de tener conocimiento
                de vuestra santa fe. Pero ¿qué hago?
                ¿Al mar quiero arrojarme cuando dejo   345
                triste, afligido, un miserable viejo?
                Al padre de mi vida volver quiero
                y llevarle conmigo; a ser Eneas

del viejo Anquises.

| Galván | ¿Dónde vas? Detente. |

| Una Voz | Seguidme por aquí. |

| Galván | Guarda tu vida. | 350

| Enrico | Perdonad, padre mío de mis ojos,
al no poder llevaros en mis brazos,
aunque en mi alma bien sé yo que os llevo.
Sígueme tú, Galván. |

| Galván | Yo ya te sigo. |

| Enrico | Por tierra no podremos escaparnos. | 355

| Galván | Pues arrójame al mar. |

| Enrico | Su centro airado
sea sepulcro mío. ¡Ay, padre amado!
¡Cuánto siento el dejaros! |

| Galván | Ven conmigo. |

| Enrico | Cobarde soy, Galván, si no te sigo. |

(Vanse.)

| Bandido I | A ti solo, Paulo fuerte, | 360
pues que ya todos te damos
palabra de obedecerte,
que sentencies esperamos
estos tres a vida o muerte. |

Paulo   ¿Dejáronnos ya el dinero?   365

Pedrisco   Ni una blanca nos han dado.

Paulo   Pues, ¿qué aguardas, majadero?

Pedrisco   Habémoselo quitado.

Paulo   ¿Qué ellos no lo dieron? Quiero
                   sentenciar a todos tres.   370

Pedrisco   Ya esperarnos ver lo que es.

Caminante I   ¡Ten con nosotros piedad!

Paulo   De ese roble los colgad.

Los tres caminantes ¡Gran señor!

Pedrisco   Moved los pies,
                   que seréis fruta extremada   375
                   en esta selva apartada
                   de todas aves rapantes.

Paulo   De esta crueldad no te espantes.

Pedrisco   Yo no me espanto de nada.
                   Porque verte ayer, señor,   380
                   ayunar con tal fervor
                   y en la oración ocupado
                   en tu Dios arrebatado
                   pedirle ánimo y favor
                   para proseguir tu vida   385

en tan grande penitencia,
y en esta selva escondida
verte hoy con tanta violencia
capitán de forajida
gente, matar pasajeros   390
tras robarlos los dineros,
¿qué más se puede esperar?
Ya no me puedo espantar
de nada.

Paulo   Los hechos fieros
de Enrico imitar pretendo,   395
y aun le quisiera exceder.
Perdone Dios si le ofendo,
que si uno al fin ha de ser,
esto es justo y yo me entiendo.

Pedrisco   Así al otro le decían   400
que la escalera rodaba;
otros que rodar le vían.

Paulo   Y a mí, que a Dios adoraba
y por santo me tenía
en este circunvecino   405
monte, el globo cristalino,
rompiendo el ángel veloz
me llegase con su voz
a dejar tan buen camino,
dándome premio tan malo.   410
Pues hoy verá el cielo en mí
si en las maldades no igualo
a Enrico.

Pedrisco   ¡Triste de ti!

Paulo   Fuego por la vista exhalo.
               Hoy, fieras, que en horizontes   415
               y en napolitanos montes
               hacéis dulce habitación,
               veréis que mi corazón
               vence a soberbios faetontes.
               Hoy, árboles que plumajes   420
               sois de la tierra, o salvajes
               por lo verde que os vestís,
               el huésped que recibís
               los hará varios ultrajes.
               Más que la naturaleza   425
               he de hacer por cobrar fama
               pues para mayor grandeza
               he de dar a cada rama
               cada día una cabeza.
               Vosotros dais, por ser graves,   430
               frutos al hombre suaves;
               mas yo con tales racimos
               pienso dar frutos opimos
               a las voladoras aves;
               en verano y en invierno   435
               será vuestro fruto eterno,
               y si pudiera hacer más,
               más hiciera.

Pedrisco   Tú te vas
               gallardamente al infierno.   440

Paulo   Ve y cuélgalos al momento
               de un roble.

Pedrisco   Voy como el viento.

Caminante I   ¡Señor!

Paulo   No me repliquéis,
              si acaso ver no queréis
              el castigo más violento.   445

Pedrisco   Venís los tres.

Caminante II   ¡Ay de mí!

Pedrisco   Yo he de ser verdugo aquí,
              pues a mi dicha le plugo,
              para enseñar al verdugo
              cuando me ahorquen a mí.   450

(Vanse Pedrisco y todos los bandoleros, menos dos, llevándose a los caminantes.)

Paulo (Para sí.)   Enrico, si desta suerte
              yo tengo de acompañarte
              y si te has de condenar
              contigo me has de llevar,
              que nunca pienso dejarte.   455
              Palabra de un ángel fue;
              tu camino seguiré,
              pues cuando Dios, Juez eterno,
              nos condenare al infierno
              ya habremos hecho por qué.   460

Una Voz (Dentro y cantando.)
              No desconfíe ninguno,
              aunque grande pecador,
              de aquella misericordia

de que más se precia Dios.

| Paulo | ¿Qué voz es ésa que suena? | 465 |

| Bandido I | La gran multitud, señor,
de esos robles nos impide,
ver dónde viene la voz. |

| La Voz | Con firme arrepentimiento
de no ofender al Señor
llegue el pecador humilde,
que Dios le dará perdón. | 470

| Paulo | Subid los dos por el monte
y a ver si es algún pastor
el que canta ese romance. | 475

| Bandido II | A verlo vamos los dos. |

(Vanse.)

| La Voz | Su Majestad Soberana
da Voces al pecador
porque le llegue a pedir
lo que ninguno negó. | 480

(Un Pastorcillo, que aparece en lo alto de un monte tejiendo una corona de flores.)

| Paulo | Baja, baja, pastorcillo,
que ya estaba, ¡vive Dios!,
confuso con tus razones,
admirado con tu voz.
¿Quién te enseñó ese romance, | 485

que le escucho con temor,
que parece que en ti habla
mi propia imaginación?

Pastorcillo   Ese romance que he dicho
Dios, señor, me lo enseñó.   490

Paulo   ¿Dios?

Pastorcillo   O la Iglesia, su esposa,
a quien en la tierra dio
poder suyo.

Paulo   Bien dijiste.

Pastorcillo   Advierte que creo en Dios
a pie juntillas y sé,   495
aunque rústico pastor,
todos los diez mandamientos,
preceptos que Dios nos dio.

Paulo   ¿Y Dios ha de perdonar
a un hombre que le ofendió   500
con obras y con palabras
y pensamientos?

Pastorcillo   ¿Pues no?
Aunque sus ofensas sean
más que hay átomos del Sol,
y que estrellas tiene el cielo,   505
y rayos la Luna dio,
y peces el mar salado
en sus cóncavos guardó.
Ésta es su misericordia,

que con decirle al Señor: 510
«Pequé, pequé muchas veces»,
le recibe al pecador
en sus amorosos brazos,
que, en fin, hace como Dios.
Porque si no fuera aquesto, 515
cuando a los hombres crió
no los criara sujetos
a su frágil condición.
Porque si Dios, sumo Bien,
de nada al hombre formó, 520
para ofrecerle su gloria
no fuera ningún blasón
en Su Majestad divina
darle aquella imperfección.
Diole Dios libre albedrío 525
y fragilidad le dio
al cuerpo y al alma; luego
dio potestad con acción
de pedir misericordia,
que a ninguno le negó. 530
De modo que, si pecando
el hombre, el justo rigor
procediera contra él,
fuera el número menor
de los que en el sacro alcázar 535
están contemplando a Dios.
La fragilidad del cuerpo
es grande; que en una acción,
en un mirar solamente
con deshonesta afición, 540
se ofende a Dios; de ese modo,
porque este triste ofensor,
con la imperfección que tuvo

le ofende una vez o dos,
¿se había de condenar?   545
No, señor, aqueso no;
que es Dios misericordioso
y estima al más pecador,
porque todos igualmente
le costaron el sudor   550
que sabéis, y aquella sangre
que liberal derramó
haciendo un mar a su cuerpo,
que amoroso dividió
en cinco sangrientos ríos;   555
que su espíritu formó
nueve meses en el vientre
de aquella que mereció
ser Virgen cuando fue Madre,
y claro oriente del Sol,   560
que como clara vidriera
sin que se rompiese en dos.
Y si os guiáis por ejemplos,
decid: ¿No fue pecador
Pedro y mereció después   565
ser de las almas pastor?
Mateo, su coronista,
¿no fue también su ofensor?,
y luego, ¿no fue su apóstol
y tan gran cargo le dio?   570
¿No fue pecador Francisco?
Luego, ¿no le perdonó
y a modo de honrosa empresa
en su cuerpo le imprimió
aquellas llagas divinas   575
que le dieron tanto honor,
dignándole de tener

tan excelente blasón?
¿La pública pecadora
Palestina no llamó   580
a Magdalena y fue santa
por su santa conversión?
Mil ejemplos os dijera
a estar despacio, señor;
más mi ganado me aguarda   585
y ha mucho que ausente estoy.

Paulo   Tente, Pastor; no te vayas.

Pastorcillo   No puedo tenerme, no,
                 que ando por aquellos valles
                 recogiendo con amor   590
                 una ovejuela perdida
                 que del rebaño se huyó;
                 y esta corona que veis
                 hacerme con tanto amor
                 es para ella, si parece,   595
                 porque hacérmela mandó
                 el mayoral, que la estima
                 del modo que le costó.
                 Que el que a Dios tiene ofendido,
                 pídale perdón a Dios,   600
                 porque es, señor, tan piadoso,
                 que a ninguno le negó.

Paulo   Aguarda, Pastor.

Pastorcillo   No puedo.

Paulo   Por fuerza te tendré yo.

| Pastorcillo | Será detenerme a mí | 605 |
| | parar el curso del Sol. | |

(Vásele de entre las manos.)

Paulo	Este pastor me ha avisado	
	en su forma peregrina,	
	no humana, sino divina,	
	que tengo a Dios enojado	610
	por haber desconfiado	
	de su piedad (¡claro está!)	
	y con ejemplos me da	
	a entender piadosamente	
	que el hombre que se arrepiente	615
	perdón en Dios hallará.	
	Pues si Enrico es pecador,	
	¿no puede también hallar	
	perdón? Ya vengo a pensar	
	que ha sido grande mi error.	620
	Mas, ¿cómo dará el Señor	
	perdón a quien tiene nombre,	
	¡ay de mí!, del más mal hombre	
	que en este mundo ha nacido?	
	Pastor que de mí has huido,	625
	no te espante que me asombre.	
	Si él tuviera algún intento	
	de tal vez arrepentirse,	
	bien pudiera recibirse	
	lo que por engaño siento,	630
	y yo viviera contento.	
	¿Por qué, pastor, queréis vos	
	que en la clemencia de Dios	
	halle su remedio medio?	
	Alma, ya no hay más remedio	635

que el condenarnos los dos.

Pedrisco (Saliendo.)   Escucha, Paulo, y sabrás,
aunque de ello ajeno estás,
y lo atribuyas a engaño,
el suceso más extraño   640
que tú habrás visto jamás.
En esa verde ribera
de tantas fieras aprisco,
donde el cristal reverbera
cuando el afligido risco   645
su tremendo golpe espera
después de dejar colgados
aquellos tres desdichados
estábamos Celio y yo,
cuando una voz que se oyó   650
nos dejó medio turbados.
¡Que me ahogo!, dijo, y vimos
cuando la vista tendimos
dos hombres nadar valientes
(con espada entre los dientes   655
uno), y a sacarlos fuimos.
Como en el mar hay tormenta,
y está de sangre sedienta,
para anegarlos bramaba;
ya en las estrellas los clava,   660
ya en su centro los asienta.
En los cristales no helados
las dos cabezas se vían
de aquellos dos desdichados,
y las olas parecían   665
ser tablas de degollados.
Llegaron al fin, mostrando
el valor que significo;

mas por no estarte cansando,
has de saber que es Enrico   670
el uno.

Paulo   Estoylo dudando.

Pedrisco   No lo dudes, pues yo llego
a decirlo, y no estoy ciego.

Paulo   ¿Vístele tú?

Pedrisco   Vile yo.

Paulo   ¿Qué hizo al salir?

Pedrisco   Echó   675
un ¡por vida! y un reniego
para remojar el fuego.
Mira qué gracias le daba
a Dios, que así le libraba.

Paulo   ¡Y dirá ahora el pastor   680
que le ha de dar el Señor
perdón! El juicio me acaba.
Mas poco puedo perder,
pues aquí le llego a ver,
en probarle la intención.   685

Pedrisco   Ya le trae tu escuadrón.

Paulo   Pues oye lo que has de hacer.

(Habla aparte con Pedrisco.)

(Entran Enrico y Galván mojados y las manos atadas, conducidos por bandoleros.)

Enrico	¿Dónde me lleváis así?

Bandido I	El capitán está aquí, que la respuesta os dará.	690

Paulo (A Pedrisco.)   Haz esto.

Pedrisco   Todo se hará.

(Vase Paulo.)

Bandido I   Pues ¿vase el capitán?

Pedrisco   Sí.
¿Dónde iban vuesas mercedes,
que en tan gran peligro dieron
como es caminar por agua?   695
¿No responden?

Enrico   Al infierno.

Pedrisco   Pues ¿quién le mete en cansarse,
cuando hay diablos tan ligeros
que le llevarán de balde?

Enrico   Por agradecerles menos.   700

Pedrisco   Habla voercé muy bien,
y hace muy a lo discreto
en no agradecer al diablo
cosa que haga a su provecho.

¿Cómo se llama voarcé?   705

Enrico   Llámome el diablo.

Pedrisco   Y por eso
                 se quiso arrojar al mar,
                 para remojar el fuego.
                 ¿De dónde es?

Enrico   Si de cansado
                 de reñir con agua y viento   710
                 no arrojara al mar la espada,
                 yo os respondiera bien presto
                 a vuestras necias preguntas
                 con los filos de su acero.

Pedrisco   Oiga, hidalgo, no se atufe   715
                 ni nos eche tantos retos;
                 que juro a Dios si me enojo
                 que le barrene ese cuerpo
                 más de setecientas veces,
                 sin la que en su nacimiento   720
                 barrenó naturaleza.
                 Y ha de advertir que está preso,
                 y que si es valiente, yo
                 soy valiente como un Héctor;
                 y que si él ha hecho muertes,   725
                 sepa que también yo he muerto
                 muchas hambres y candiles
                 y muchas pulgas a tiento.
                 Y si es ladrón, soy ladrón,
                 y soy el demonio mesmo,   730
                 y ¡por vida!...

Bandido 1   Bueno está.

Enrico   ¿Esto sufro y no me avengo?

Pedrisco   Ahora ha de quedar atado
                                  a un árbol.

Enrico   No me defiendo;
                                  haced de mí vuestro gusto.   735

Pedrisco (A Galván.)   Y a él también.

Galván (Aparte.)   (De esta vez muero.)

Pedrisco   Si son como vuestra cara,
(A Galván.)   vos tenéis bellacos hechos.
                                  Ea, llegadlos a atar,
                                  que el capitán gusta de ello.   740
(A Enrico.)   ¡Llegad al árbol!

Enrico   ¡Que ansí
                                  me quiera tratar el cielo!...

(Atán a un árbol a Enrico, y después a Galván.)

Pedrisco   ¡Llegad vos!

Galván   ¡Tened piedad!

Pedrisco   Vendadle los ojos quiero
                                  con las ligas a los dos.   745

Galván   ¿Viose tan extraño aprieto?
                                  Mire vuesarcé que yo

vivo de su oficio mesmo,
y que soy ladrón también.

Pedrisco   Ahorrará con aquesto   750
                  de trabajo a la justicia
                  y al verdugo de contento.

Bandido I   Ya están vendados y atados.

Pedrisco   Las flechas y arcos tomemos,
                  y dos docenas no más   755
                  clavemos en cada cuerpo.

Bandido I   Vamos.

Pedrisco (Bajo a los bandidos.)
                            Aquesto es fingido
                  nadie los ofenda.

Bandido I   Creo
                  que el capitán los conoce.

Pedrisco   Vamos, y así los dejemos.   760

(Vanse.)

Galván   Ya se van a asaetearnos.

Enrico   Pues no por aqueso pienso
                  mostrar flaqueza ninguna.

Galván   Ya me parece que siento
                  una jara en estas tripas.   765

| Enrico | Vénguese en mí el justo cielo,
que quisiera arrepentirme
y cuando quiero no puedo. |

(Paulo, de ermitaño, con cruz y rosario.)

| Paulo | Con esta traza he querido
probar si ese hombre se acuerda
de Dios, a quien ha ofendido. | 770 |

| Enrico | ¡Que un hombre la vida pierda
me parece que es saeta! |

| Galván | ¡Cada mosquito que pasa
me parece que es saeta! | 775 |

| Enrico | El corazón se me abrasa.
¡Que mi fuerza esté sujeta
a fortuna, en todo escasa! |

| Paulo | ¡Alabado sea el Señor! |

| Enrico | ¡Sea por siempre alabado! | 780 |

| Paulo | Sabed con vuestro valor
llevar este golpe airado
de fortuna. |

| Enrico | ¡Gran rigor!
¿Quién sois vos que ansí me habláis? |

| Paulo | Un monje que este desierto,
donde la muerte esperáis,
habita. | 785 |

Enrico   Bueno, por cierto.
                Y ahora, ¿qué nos mandáis?

Paulo   A los que al roble os ataron
                y a mataros se apartaron   790
                supliqué con humildad
                que ya que con tal crueldad
                de datos muerte trataron,
                que me dejasen llegar
                a hablaros.

Enrico   ¿Y para qué?   795

Paulo   Por si os queréis confesar,
                pues seguís de Dios la fe.

Enrico   Pues bien se puede tornar,
                padre, o lo que es.

Paulo   ¿Qué decís?
                ¿No sois cristiano?

Enrico   Sí, soy.   800

Paulo   No lo sois, pues no admitís
                el último bien que os doy.
                ¿Por qué no lo recibís?

Enrico   Porque no quiero.

Paulo (Aparte.)   (¡Ay de mí!
                Esto mismo presumí.)   805
                ¿No veis que os han de matar

ahora?

Enrico   ¿Quiere callar,
hermano, y dejarme aquí?
Si esos señores ladrones
me dieron muerte, aquí estoy.   810

Paulo (Aparte.)   (¡En qué grandes confusiones
tengo el alma!)

Enrico   Yo no doy
a nadie satisfacciones.

Paulo   A Dios, sí.

Enrico   Si Dios ya sabe
que soy tan gran pecador,   815
¿para qué?

Paulo   ¡Delito grave!
Para que su sacro amor
de darle perdón acabe.

Enrico   Padre, lo que nunca he hecho
tampoco he de hacer ahora.   820

Paulo   Duro peñasco es su pecho.

Enrico   Galván, ¿qué hará la señora
Celia?

Galván   Puesto en tanto estrecho
¿quién se ha de acordar de nada?

| Paulo | No se acuerde de esas cosas. | 825 |

Enrico   Padre mío, ya me enfada.

Paulo   ¿Estas palabras piadosas
le ofenden?

Enrico   Cosa es cansada,
pues si no estuviera atado,
ya yo lo hubiera arrojado   830
de una coz dentro del mar.

Paulo   Mire que le han de matar.

Enrico   Ya estoy de aguardar cansado.

Galván   Padre, confiéseme a mí,
que ya pienso que estoy muerto.   835

Enrico   Quite esta liga de aquí,
padre.

Paulo   Sí haré, por cierto.

(Les quita la venda.)

Enrico   Gracias a Dios que ya vi.

Galván   Y yo también.

Paulo   En buen hora;
vuelvan la vista ahora   840
a los que a matarlos vienen.

(Entran bandoleros con escopetas y ballestas.)

Enrico	¿Pues para qué se detienen?	

Enrico   ¿Pues para qué se detienen?

Pedrisco   Pues que ya su fin no ignora,
              digo, ¿por qué no confiesa?

Paulo   No me quiero confesar.   845

Pedrisco   Celio, el pecho le atraviesa,

Paulo   Dejad que le vuelva a hablar.
              Desesperación es ésa.

Pedrisco   ¡Ea, llegadle a matar!

Paulo   ¡Deteneos! (¡Triste pena!)   850
              Porque si éste se condena,
              ¿me queda más que dudar?

Enrico   Cobardes sois. ¿No llegáis
              y puerta a mi pecho abrís?

Pedrisco   De esta vez no os detengáis.   855

Paulo   Aguardad, que si le herís
              más confuso me dejáis.
              ¡Mira que eres pecador,
              hijo!

Enrico   Y del mundo el mayor:
              ya lo sé.

Paulo   Tu bien espero.   860

Confiésate a Dios.

Enrico   No quiero,
cansado predicador.

Paulo   Pues salga del pecho mío,
si no dilatado río
de lágrimas, tanta copia,   865
que se anegue el alma propia,
pues ya de Dios desconfío.
Dejad de cubrir, sayal,
mi cuerpo, pues está mal,
según siente el corazón,   870
una rica guarnición
sobre tan falso cristal.

(Desnúdase el saco de ermitaño.)

En mis torpezas resbalo
y a la culebra me igualo
mas mi parecer condeno,   875
porque yo desecho el bueno,
mas ella desecha el malo.
Mi adverso fin no resisto,
pues mi desventura he visto,
y da claro testimonio   880
el vestirme de demonio
y el desnudarme de Cristo.
Colgad ese saco ahí
para que diga (¡ay de mí!):
«En tal puesto me colgó   885
Paulo que no mereció
la gloria que encierro en mí.»
Dadme la daga y la espada;

esa cruz podéis tornar;
ya no hay esperanza en nada,   890
pues no me sé aprovechar
de aquella sangre sagrada.
Desatadlos.

(Los bandoleros sueltan a Enrico y Galván.)

Enrico   Ya lo estoy,
y lo que he visto no creo.

Galván   Gracias a los cielos doy.   895

Enrico   Saber la verdad deseo.

Paulo   ¡Qué desdichado que soy!
¡Ah, Enrico! Nunca nacieras;
nunca tu madre te echara,
donde dejando la luz   900
fuiste de mis males causa;
o pluguiera a Dios que ya
que infundido el cuerpo y alma
saliste a luz, en sus brazos
te diera la muerte un ama,   905
un león te deshiciera,
un oso despedazara
tus tiernos miembros entonces,
o cayeras en tu casa
del más altivo balcón,   910
primero que a mi esperanza
hubieras cortado el hilo.

Enrico   Esta novedad me espanta.

Paulo

Yo soy Paulo, un ermitaño,
que dejé mi amada patria   915
de poco más de quince años,
y en esta oscura montaña
otros diez serví al Señor.

Enrico

¡Qué ventura!

Paulo

                    ¡Qué desgracia!
Un ángel, rompiendo nubes   920
y cortinas de oro y plata,
preguntándole yo a Dios
qué fin tendría. «Repara
(me dijo): ve a la ciudad,
y verás a Enrico (¡ay alma!),   925
hijo del noble Anareto,
que en Nápoles tiene fama.
Advierte bien en sus hechos,
y contempla en sus palabras;
que si Enrico al cielo fuere,   930
el cielo también te aguarda;
y si al infierno, el infierno.»
Yo entonces imaginaba
que era algún santo aqueste Enrico;
pero los deseos se engañan.   935
Fui allá, vite luego al punto,
y de tu boca y por fama
supe que eras el peor hombre
que en todo el mundo se halla.
Y ansí, por tener tu fin,   940
quiteme el saco, y las armas
tomé, y el cargo me dieron
de esta forajida escuadra.
Quise probar tu intención,

por saber si te acordabas   945
de Dios en tan fiero trance
pero saliome muy vana.
Volví a desnudarme aquí,
como viste, dando al alma
nuevas tan tristes, pues ya   950
la tiene Dios condenada.

Enrico   Las palabras que Dios dice
por un ángel, son palabras,
Paulo amigo, en que se encierran
cosas que el hombre no alcanza.   955
No dejara yo la vida
que seguías, pues fue causa
de que quizá te condenes
el atreverte a dejarla.
Desesperación ha sido   960
lo que has hecho, y aun venganza
de la palabra de Dios
y una oposición tirana
a su inefable poder;
y al ver que no desenvaina   965
la espada de su justicia
contra el rigor de tu causa,
veo que tu salvación
desea; mas ¿qué no alcanza
aquella piedad divina,   970
blasón de que más se alaba?
Yo soy el hombre más malo
que naturaleza humana
en el mundo ha producido;
el que nunca habló palabra,   975
sin juramento; el que a tantos
hombres dio muertes tiranas;

el que nunca confesó
sus culpas, aunque son tantas;
el que jamás se acordó   980
de Dios y su Madre santa;
ni aún ahora lo hiciera,
con ver puestas las espadas
a mi valeroso pecho;
mas siempre tengo esperanza   985
en que tengo de salvarme;
puesto que no va fundada
mi esperanza en obras mías,
sino en saber que se humana
Dios con el más pecador   990
y con su piedad se salva.
Pero ya, Paulo, que has hecho
ese desatino, traza
de que alegres y contentos
los dos en esta montaña   995
pasemos alegre vida,
mientras la vida se acaba.
Un fin ha de ser el nuestro;
si fuere nuestra desgracia
el carecer de la gloria   1000
que Dios al bueno señala,
mal de muchos, gozo es;
pero tengo confianza
en su piedad, porque siempre
vence a su justicia sacra.   1005

Paulo   Consolado me has un poco.

Galván   Cosa es por Dios que me espanta.

Paulo   Vamos donde descanséis.

Enrico (Aparte.)   (¡Ay, padre de mis entrañas!)
                          Una joya, Paulo amigo,   1010
                          en la ciudad olvidada
                          se me queda, y aunque temo
                          el rigor que me amenaza,
                          si allá vuelvo he de ir por ella
                          pereciendo en la demanda.   1015
                          Un soldado de los tuyos
                          irá conmigo.

Paulo   Pues vaya
                          Pedrisco, que es animoso.

Pedrisco   Por Dios, que ya me espantaba
                          que no encontraba conmigo.   1020

Paulo   Dadle la mejor espada
                          a Enrico, y en esas yeguas
                          que al ligero viento igualan,
                          os pondréis allá en dos horas.

Galván   Yo me quedo en la montaña   1025
(A Pedrisco.)   a hacer tu oficio.

Pedrisco (A Galván.)   Yo voy
                          donde paguen mis espaldas
                          los delitos que tú has hecho.
Enrico   ¡Adiós, amigo!

Paulo   Ya basta
                          el nombre para abrazarte.   1030

Enrico   Aunque malo, confianza

tengo en Dios.

Paulo   Yo no la tengo,
cuando son mis culpas tantas.
Muy desconfiado soy.

Enrico   Aquesta desconfianza   1035
te tiene de condenar.

Paulo   Ya lo estoy; no importa nada.
¡Ah Enrico! Nunca nacieras.

Enrico   Es verdad; mas la esperanza
que tengo en Dios, ha de hacer   1040
que haya piedad de mi causa.

Fin de la segunda jornada

Jornada tercera

(Cárcel con rejas en el fondo, por donde se ve una calle.)

Pedrisco	¡Buenos estamos los dos!
Enrico	¿Qué diablos estás llorando?
Pedrisco	¿Qué diablos he de llorar? ¿No puedo yo lamentar pecados que estoy pagando sin culpa?
Enrico	¿Hay vida como ésta?
Pedrisco	¡Cuerpo de Dios con la vida!
Enrico	¿Fáltate aquí la comida? ¿No tienes la mesa puesta a todas horas?
Pedrisco	¿Qué importa que la mesa llegue a ver sino hay nada que comer?
Enrico	De necedades acorta.
Pedrisco	Alarga tú de comida.
Enrico	¿No sufrirás como yo?
Pedrisco	Que pague aquel que pecó es sentencia conocida; pero yo que no pequé,

5

10

15

                        ¿por qué tengo de pagar?

Enrico   Pedrisco, ¿quieres callar?   20

Pedrisco   Enrico, yo callaré;
                pero la hambre al fin hará
                que hable el que muerto se vio
                que calle aquel que habló
                más que un correo.

Enrico   ¡Que ya   25
                piensas que no has de salir
                de la cárcel!

Pedrisco   Error fue.
                Desde el día que aquí entré
                he llegado a presumir
                que hemos de salir los dos...   30

Enrico   ¿Pues de qué estamos turbados?

Pedrisco   Para ser ajusticiados,
                sino lo remedia Dios.

Enrico   No hayas miedo.

Pedrisco   Bueno está:
                pero teme el corazón   35
                que hemos de danzar sin son.

Enrico   Mejor la suerte lo hará.

(Aparecen Celia y su criada, Lidora, que se detienen ante la reja de la prisión.)

Celia	No quisiera que las dos,
	aunque a nadie tengo miedo,
	fuéramos juntas.

Lidora	Bien puedo,	40
	pues soy criada, ir con vos.

Enrico	Quedo, que Celia es aquésta.

Pedrisco	¿Quién?

Enrico	Quien más que a sí me adora.
	Mi remedio llega ahora.	45

Pedrisco	Bravamente me molesta
	la hambre.

Enrico	¿Tienes acaso
	en qué echar todo el dinero
	que ahora de Celia espero?

Pedrisco	Con toda la hambre que paso	50
	me he acordado, ¡vive Dios!,
	de un talego que aquí tengo.

Enrico	Pequeño es.

Pedrisco	A pensar vengo
	que estamos locos los dos:
	tú en pedirla, en darle yo.	55

Enrico	¡Celia hermosa de mi vida!

Celia (Aparte.)	(¡Ay de mí, que soy perdida!)

Enrico es el que llamó.
¡Señor Enrico!

Pedrisco   ¿Señor?
No es buena tanta crianza.   60

Enrico   Yo no tenía esperanza,
Celia, de tan gran favor.

Celia   ¿En qué puedo yo serviros?
¿Cómo estáis, Enrico?

Enrico   Bien,
y ahora mejor, pues ven,   65
a costa de mil suspiros,
mis ojos los tuyos graves.

Celia   Yo os quiero dar...

Pedrisco   ¡Linda cosa!
¡Oh, qué mujer tan hermosa!
¡Qué palabras tan suaves!   70
Alto prevengo el talego;
pienso que no ha de caber...

Enrico   Celia, quisiera saber
qué me das.

Celia   Darete luego,
para que salgas de afán...   75

Enrico (A Pedrisco.) Ya lo ves.

Pedrisco   Tu dicha es llama.

Celia	Las nuevas de que mañana
	a ajusticiaros saldrán.

Pedrisco	El talego está ya lleno
	otro es menester buscar.	80

Enrico	¡Que aquesto llegue a escuchar!
	¡Celia, escucha!

Pedrisco   ¡Aquesto es bueno!

Celia   Ya estoy casada.

Enrico   ¿Casada?
¡Vive Dios!

Pedrisco   ¡Tente!

Enrico   ¿Qué aguardo?
¿Con quién, Celia?

Celia   Con Lisardo   85
y estoy muy bien empleada.

Enrico   Matarele.

Celia   Dejaos de eso
y poneos bien con Dios,
que es lo que os importa a vos.

Lidora   Vamos, Celia.

Enrico   Pierdo el seso.   90

Celia, mira...

Celia   Estoy de prisa.

Pedrisco   Por Dios, que estoy por reírme.

Celia   Ya sé que queréis decirme
                    que se os diga alguna misa.
                    Yo lo haré, quedad con Dios.   95

Enrico   ¡Quién rompiera aquestas rejas!

Lidora   No escuches, Celia, más quejas,
                    vámonos de aquí las dos.

Enrico   ¡Que esto sufro! ¿Hay tal crueldad?

Pedrisco   Lo que pesa este talego.   100

Celia   ¡Qué braveza!

Enrico   Yo estoy ciego.
                    ¿Hay tan grande libertad?

(Vanse Celia y Lidora.)

Pedrisco   Yo no entiendo la moneda
                    que hay en aqueste talego,
                    que, ¡vive Dios!, que no pesa   105
                    una paja.

Enrico   ¡Santos cielos!
                    ¡Que aquestas afrentas sufra!
                    ¿Cómo no rompo estos hierros?

¿Cómo estas rejas no arranco?

Pedrisco   ¡Detente!

Enrico   ¡Déjame, necio!   110
                       ¡Vive Dios que he de romperlas
                       y he de castigar mis celos!

Pedrisco   Los porteros vienen.

Enrico   Vengan.

Portero I (Entrando.) ¿Ha perdido acaso el seso
                       el homicida ladrón?   115

Enrico   Moriré si no me vengo.
                       De mi cadena haré espada.

Pedrisco   Que te detengas te ruego.

Portero I   ¡Asidle, matadle, muera!

Enrico   Hoy veréis, infames presos,   120
                       de los celos el poder
                       en desesperados pechos.

(Rompe la cadena y corre fuera de la escena tras los porteros y los presos.)

Portero II (Volviendo.)
                       Un eslabón me alcanzó
                       y dio conmigo en el suelo.

Enrico (Volviendo.)   ¿Por qué, cobardes, huís?   125

Pedrisco   Un portero deja muerto.

Voces dentro   ¡A matarle!

Enrico   ¿Qué es matar?
                        A falta de noble acero
                        no es mala aquesta cadena
                        con que mis agravios vengo.   130
                        ¿Para qué de mí huís?

Pedrisco   Al alboroto y estruendo
                        se ha levantado el alcaide.

Alcaide (Entrando.)   ¡Hola! ¡Teneos! ¿Qué es esto?

(Los carceleros se apoderan de Enrico.)

Portero II   Ha muerto aquese ladrón   135
                        a Fidelio.

Alcaide   ¡Vive el cielo,
                        que a no saber que mañana,
                        dando público escarmiento,
                        has de morir ahorcado,
                        que hiciera en tu aleve pecho   140
                        mil bocas con esta daga.

Enrico   ¡Que esto sufro, Dios eterno!
                        ¡Que me maltraten así!
                        Fuego por los ojos vierto
                        No pienses, alcaide infame,   145
                        que te tengo algún respeto
                        por el oficio que tienes,
                        sino porque más no puedo,

que a poder, ¡ah cielo airado!,
entre mis brazos soberbios   150
te hiciera dos mil pedazos,
y despedazado el cuerpo
me le comiera a bocados
y que no quedara, pienso,
satisfecho de mi agravio.   155

Alcaide   Mañana, a las diez, veremos
si es más valiente un verdugo
que todos vuestros aceros.
Otra cadena le echad.

Enrico   Eso sí, vengan más hierros,   160
que de hierros no se escapa
hombre que tantos ha hecho.

Alcaide   Metedle en un calabozo.

Enrico   Aquese sí es justo premio,
que hombre de Dios enemigo   165
no es justo que mire el cielo.

(Llévanle.)

Pedrisco   ¡Pobre y desdichado Enrico!

Portero II   Más desdichado es el muerto,
que el cadenazo cruel
le echó en la tierra los sesos.   170

Pedrisco   Ya quieren dar la comida.

Voz (Dentro.)   Vayan llegando mancebos

por la comida.

Pedrisco
En buen hora,
porque mañana sospecho
que han de anudarme el tragar   175
y será acertado medio
que lleve la alforja hecha
para que allá convidemos
a los demonios magnates
a la entrada del infierno.   180

(Cámbiase la decoración y se ve el calabozo donde está Enrico.)

Enrico
En lóbrega confusión,
ya, valiente Enrico, os veis,
pero nunca desmayéis;
tened fuerte corazón,
porque aquesta es la ocasión   185
en que tenéis de mostrar
el valor que os ha de dar
nombre altivo, ilustre fama.
Mirad...

Una Voz (Dentro.)   ¡Enrico!

Enrico
¿Quién llama?
Esta voz me hace temblar.   190
Los cabellos erizados
pronostican mi temor;
mas, ¿dónde está mi valor?
¿Dónde mis hechos pasados?

La Voz   ¡Enrico!

Enrico

                    Muchos cuidados   195
siente el alma. ¡Cielo santo!
¿Cuya es voz que tal espanto
infunde en el alma mía?

La Voz

¡Enrico!

Enrico

                   A llamar porfía.
De mi flaqueza me espanto.   200
A esta parte la voz suena
que tanto temor me da.
¿Si es algún preso que está
amarrado a la cadena?
¡Vive Dios!, que me da pena.   205

Demonio

(Invisible para Enrico.)
Tu desgracia lastimosa
siento.

Enrico

                ¡Qué confuso abismo!
No me conozco a mí mismo,
y el corazón no reposa.
Las alas está batiendo   210
con impulso de temor.
Enrico, ¿éste es el valor?
Otra vez se oye el estruendo.

Demonio

Librarte, Enrico, pretendo.

Enrico

¿Cómo te puedo creer,   215
voz, sino llego a saber
quién eres y a dónde estás?

Demonio

Pues agora me verás.

(Aparécele como en forma de una sombra.)

Enrico   Ya no te quisiera ver.

Demonio   No temas.

Enrico   Un sudor frío   220
por mis venas se derrama.

Demonio   Hoy cobrarás nueva fama.

Enrico   Poco de mis fuerzas fío.
No te acerques.

Demonio   Desvarío   225
es el temer la ocasión.

Enrico   Sosiégate, corazón.

(A una señal del Demonio se abre un portillo en la pared.)

Demonio   ¿Ves aquel postigo?

Enrico   Sí.

Demonio   Pues salte por él, y ansí
no estarás en la prisión.   230

Enrico   ¿Quién eres?

Demonio   Salte al momento,
y no preguntes quién soy,
que yo también preso estoy,

y que te libres intento.

Enrico   ¿Qué me dices, pensamiento?   235
                        ¿Librareme? Claro está.
                        Aliento el temor me da
                        de la muerte que me aguarda.
                        Voyme. Mas, ¿quién me acobarda?
                        Mas otra voz suena ya.   240
(Cantan dentro.)   Detén él paso violento,
                        mira que te está mejor
                        que de la prisión librarte,
                        el estarte en la prisión.

Enrico   Al revés me ha aconsejado   245
                        la voz que en el aire he oído,
                        pues mi paso ha detenido,
                        si tú le has acelerado.
                        Que me está bien he escuchado
                        el estar en la prisión.   250

Demonio   Esa, Enrico, es ilusión
                        que te representa el miedo.

Enrico   Yo he de morir si me quedo.
                        quiérome ir; tienes razón.
(Cantan.)   Detente, engañado Enrico,   255
                        no huyas de la prisión;
                        Pues morirás si salieres,
                        y si te estuvieres, no.

Enrico   Que si salgo he de morir,
                        y si quedo viviré,   260
                        dice la voz que escuché.

Demonio   ¿Que al fin no te quieres ir?

                 ....

Enrico   Quedarme es mucho mejor.

Demonio   Atribúyelo a temor;
                 pero, pues tan ciego estás,   265
                 quédate preso, y verás
                 cómo te ha estado peor.

(Vase.)

Enrico   Desapareció la sombra
                 y confuso me dejó.
                 ¿No es éste el portillo? No.   270
                 Este prodigio me asombra.
                 ¿Estaba ciego yo o vi
                 en la pared un portillo?
                 Pero yo me maravillo
                 del gran temor que hay en mí.   275
                 ¿No puedo salirme yo?
                 Sí; bien me puedo salir.
                 Pues ¿cómo?..., que he de morir
                 la voz me atemorizó.
                 Algún gran daño se infiere   280
                 de lo turbado que fui.
                 No importa, ya estoy aquí
                 para el mal que me viniere.

Alcaide (Entrando.)   Yo solo tengo de entrar:
                 los demás pueden quedarse.   285
                 ¡Enrico!

Enrico   ¿Qué me mandáis?

Alcaide	En los rigurosos trances

Alcaide   En los rigurosos trances
se echa de ver el valor;
ahora podéis mostrarle.
Estad atento.

Enrico   Decid.   290

Alcaide (Aparte.)   (Aún no ha mudado el semblante.)

(Leyendo.)   «En el pleito que es entre partes, de la una, el promotor
fiscal de su majestad, y ausente, y de la otra, reo acusado, Enrico, por los delitos que tiene en el proceso, por ser matador, facineroso, incorregible y otras cosas. Vista, etc. Fallamos que le debemos de condenar y condenamos a que sea sacado de la cárcel donde está, con soga a la garganta y pregoneros delante que digan su delito, y sea llevado a la plaza pública, donde estará una horca de tres palos, alta del suelo, en la cual será ahorcado naturalmente. Y ninguna persona sea osada a quitarle de ella sin nuestra licencia y mandato. Y por esta sentencia definitiva, juzgando así lo pronunciamos y mandamos, etc.»

Enrico   ¡Que aquesto escuchando estoy!

Alcaide   ¿Qué dices?

Enrico   Mira, ignorante,
que eres opuesto muy flaco
a mis brazos arrogantes,   295
porque si no yo te hiciera...

Alcaide   Nada puede remediarse

con arrogancias, Enrico:
lo que aquí es más importante
es poneros bien con Dios.   300

Enrico   ¿Y vienes a predicarme
con leerme la sentencia?
Vive Dios, canalla infame,
que he de dar fin con vosotros.

Alcaide   El demonio que te aguarde.   305
(Vase.)   Ya estoy sentenciado a muerte;
ya mi vida miserable
tiene de plazo dos horas.
Voz que mi daño causaste,
¿no dijiste que mi vida   310
si me quedaba en la cárcel
sería cierta? ¡Triste suerte!
Con razón debo culparte,
pues en esta cárcel muero
cuando pudiera librarme.   315

(Sale un portero.)

Portero I   Dos padres de San Francisco
están para confesarte
aguardando fuera.

Enrico   ¡Bueno!
¡Por Dios que es gentil donaire!
Digan que se vuelvan luego   320
a su convento los frailes,
si no es que quieran saber
a lo que estos hierros saben.

Portero II   Advierte que has de morir.

Enrico   Moriré sin confesarme,   325
                que no ha de pagar ninguno
                las penas que yo pasare.

Portero II   ¿Qué más hiciera un gentil?

Enrico   Esto que le he dicho baste,
                que por Dios si me amohíno   330
                que ha de llevar las señales
                de la cadena en el cuerpo.

Portero II   No aguardo más.

(Vase.)

Enrico   Muy bien haces
                ¿Qué cuenta daré yo a Dios
                de mi vida, ya que el trance   335
                último llega de mí?
                ¿Yo tengo de confesarme?
                Parece que es necedad.
                ¿Quién podrá ahora acordarse
                de tantos pecados viejos?   340
                ¿Qué memoria habrá que baste
                a recorrer las ofensas
                que a Dios he hecho? Más vale
                no tratar de aquestas cosas,
                Dios es piadoso y es grande: 345
                su misericordia alabo;
                con ella podré salvarme.

(Entra Pedrisco.)

Pedrisco	Advierte que has de morir,
	y que ya aquestos dos padres
	están de aguardar cansados.	350

Enrico   ¿Pues he dicho yo que aguarden?

Pedrisco   ¿No crees en Dios?

Enrico   Juro a Cristo,
que pienso que he de enojarme,
y que en los padres y en ti
he de vengar mis pesares.   355
Demonios, ¿qué me queréis?

Pedrisco   Antes pienso que son ángeles
los que esto a decirte vienen.

Enrico   No acabes de amohinarme,
que por Dios que de una coz   360
te eche fuera de la cárcel.

Pedrisco   Yo te agradezco el cuidado.

Enrico   Vete fuera y no me canses.

Pedrisco   Tú te vas, Enrico mío,
al infierno como un padre.   365

(Vase.)

Enrico   Voz que por mi mal te oí
en esa región del aire,
¿fuiste de algún enemigo

que así pretendió vengarse?
¿No dijiste que a mi vida   370
le importaba de la cárcel
no hacer ausencia? Pues di,
¿cómo quieren ya sacarme
a ajusticiar? Falsa fuiste,
pero yo también cobarde,   375
pues que me pude salir
y no dar venganza a nadie.
Sombra triste, que piadosa
la verdad me aconsejaste,
vuelve otra vez y verás   380
cómo con pecho arrogante
salgo a tu tremenda voz
de tantas oscuridades.
Gente suena; ya sin duda
se acerca mi fin.

(Entrando con Anareto.)

Portero II   Habladle;   385
podrá ser que vuestras canas
muevan tan duro diamante.

Anareto   Enrico, querido hijo,
puesto que en verte me aflijo
de tantos yerros cargado,   390
ver que pagues tu pecado
me da sumo regocijo.
¡Venturoso del que acá
pagando sus culpas, va
con firme arrepentimiento;   395
que es pintado este tormento
si se compara al de allá!

La cama, Enrico, dejé
y arrimado a este bordón
por quien me sustento en pie   400
vengo en aquesta ocasión.

Enrico

¡Ay, padre mío!

Anareto

           No sé,
Enrico, si aquese nombre
será razón que me cuadre,
aunque mi rigor te asombre.   405

Enrico

Eso ¿es palabra de padre?

Anareto

No es bien que padre me nombre
un hijo que no cree en Dios.

Enrico

Padre mío, ¿eso decís?

Anareto

No sois ya mi hijo vos,   410
pues que mi ley no seguís.
Solos estamos los dos.

Enrico

No os entiendo.

Anareto

           ¡Enrico, Enrico!
A reprenderos me aplico
vuestro loco pensamiento,   415
siendo la muerte instrumento
que tan cierto os pronostico.
Hoy os han de ajusticiar,
¡y no os queréis confesar!
¡Buena cristiandad, por Dios!   420
Pues el mal es para vos

y para vos el pesar.
Aqueso es tornar venganza
de Dios, que el poder alcanza
del empíreo cielo eterno.   425
Enrico, ved que hay infierno
para tan larga esperanza.
Es el quererte vengar
de esa suerte pelear
con un monte o una roca,   430
pues cuando el brazo le toca,
es para el brazo el pesar.
Es, con dañoso desvelo,
escupir el hombre al cielo
presumiendo darle enojos,   435
pues que le cae en los ojos
lo mismo que arroja al cielo.
Hoy has de morir: advierte
que ya está echada la suerte;
confiesa a Dios tus pecados,   440
y ansí, siendo perdonados,
será vida lo que es muerte.
Si quieres mi hijo ser,
lo que te digo has de hacer.
Sino (de pesar me aflijo)   445
ni te has de llamar mi hijo,
ni yo te he de conocer.

Enrico   Bueno está, padre querido;
                que más el alma ha sentido
                (buen testigo dello es Dios) 450
                el pesar que tenéis vos,
                que el mal que espero afligido.
                Confieso, padre, que erré;
                pero yo confesaré

mis pecados, y después   455
besaré a todos los pies
para mostraros mi fe.
Basta que vos lo mandéis,
padre mío de mis ojos.

Anareto   Pues ya mi hijo seréis.   460

Enrico   No os quisiera dar enojos.

Anareto   Vamos, porque os confeséis.

Enrico   ¡Oh, cuánto siento el dejaros!

Anareto   ¡Oh, cuánto siento el perderos!

Enrico   ¡Ay ojos! Espejos claros,   465
                 antes hermosos luceros,
                 pero ya de luz avaros.

Anareto   ¡Vamos, hijo!

Enrico   A morir voy:
                 todo el valor he perdido.

Anareto   Sin juicio y sin alma estoy.   470

Enrico   Aguardad, padre querido.

Anareto   ¡Qué desdichado que soy!

Enrico   Señor piadoso y eterno,
                 que en vuestro alcázar pisáis
                 cándidos montes de estrellas,   475

mi petición escuchad.
Yo he sido el hombre más malo
que la luz llegó a alcanzar
de este mundo; el que os ha hecho
más que arenas tiene al mar,   480
ofensas; mas, Señor mío,
mayor es vuestra piedad.
Vos, por redimir al mundo,
por el pecado de Adán,
en una cruz os pusisteis   485
pues merezca yo alcanzar
una gota solamente
de aquella sangre real.
Vos, Aurora de los cielos;
Vos, Virgen bella, que estáis   490
de paraninfos cercada,
y siempre amparo os llamáis
de todos los pecadores:
yo lo soy, por mí rogad.
Decidle que se le acuerde   495
a su sacra Majestad
de cuando en aqueste mundo
empezó a peregrinar.
Acordadle los trabajos
que pasó en él por salvar   500
los que inocentes pagaron
por ajena voluntad.
Decidle que yo quisiera,
cuando comience a gozar
entendimiento y razón,   505
pasar mil muertes y más
antes que haberle ofendido.

Anareto   Adentro priesa me dan.

| Enrico | ¡Gran Señor! ¡Misericordia! | |
| | No puedo deciros más. | 510 |

| Anareto | ¡Que esto llegue a ver un padre! | |

Enrico	La enigma he entendido ya	
	de la voz y de la sombra:	
(Para sí.)	la voz era angelical	
	y la sombra era el demonio.	515

| Anareto | Vamos, hijo. | |

Enrico
　　　　　　　¿Quién oirá
ese nombre, que no haga
de sus dos ojos un mar?
No os apartéis, padre mío,
hasta que hayan de expirar　　　　　520
mis ojos.

Anareto
　　　　　　　No hayas miedo.
Dios te dé favor.

Enrico
　　　　　　　Sí hará,
que es mar de misericordia,
aunque yo voy muerto ya.

Anareto　　Ten valor.

Enrico
　　　　　　　En Dios confío.　　　　525
Vamos, padre, donde están
los que han de quitarme el ser
que vos me pudisteis dar.

(Vanse. Cambio de lugar. Nos hallamos de nuevo en el monte.)

Paulo

Cansado de correr vengo
por este monte intrincado: 530
atrás la gente he dejado
que a ajena costa mantengo.
Al pie de este sauce verde
quiero un poco descansar,
por ver si acaso el pesar   535
de mi memoria se pierde.
Tú, fuente, que murmurando
vas, entre guijas corriendo.
en tu fugitivo estruendo
plantas y aves alegrando: 540
dame algún contento ahora,
infunde al alma alegría
con esa corriente fría
y con esa voz sonora.
Lisonjeros pajarillos,   545
que no entendidos cantáis,
y holgazanes gorjeáis
entre juncos y tomillos:
dad con picos sonorosos
y con acentos suaves   550
gloria a mis pesares graves
y sucesos lastimosos.
En este verde tapete
jironado de cristal,
quiero divertir mi mal,   555
que mi triste fin promete.

(Echase a dormir y sale el Pastorcillo que se vio en la segunda jornada, des-
haciendo la corona de flores que antes tejía.)

Pastorcillo   Selvas intrincadas.
                   verdes alamedas,
                   a quien de esperanzas
                   adorna Amaltea.   560
                   Fuentes que corréis
                   murmurando apriesa,
                   por menudas guijas,
                   por blandas arenas.
                   Ya vuelvo otra vez   565
                   a mirar la selva,
                   y a pisar los valles,
                   que tanto me cuestan.
                   Yo soy el pastor
                   que en vuestras riberas   570
                   guardé un tiempo alegre
                   cándidas ovejas.
                   Sus blandos vellones
                   entre verdes felpas
                   jirones de plata   575
                   a los ojos eran.
                   Era yo envidiado,
                   por ser guarda buena
                   de muchos zagales
                   que ocupan la selva;   580
                   y mi mayoral,
                   que en ajena tierra
                   vive, me tenía
                   voluntad inmensa,
                   porque le llevaba   585
                   cuando quería verlas,
                   las ovejas blancas
                   como nieve en pellas.
                   Pero desde el día
                   que una, la más buena,   590

huyó del rebaño,
lágrimas me anegan.
Mis contentos todos
convertí en tristezas,
mis placeres vivos   595
en memorias muertas.
Cantaba en los valles
canciones y letras;
Mas ya en triste llanto,
funestas endechas.   600
Por tenerla amor,
en esta floresta
aquesta guirnalda
comencé a tejerla.
Mas no la gozó,   605
que, engañada y necia,
dejó a quien la amaba
con mayor firmeza.
Y, pues, no la quiso,
fuerza es que ya vuelva   610
por venganza justa
hoy a deshacerla.

Paulo   Pastor, que otra vez
te vi en esta sierra,
si no muy alegre,   615
no con tal tristeza:
el verte me admira.

Pastorcillo   ¡Ay, perdida oveja!
¡De qué gloria huyes
y qué mal te allegas!   620

Paulo   ¿No es esa guirnalda

la que en las florestas
entonces tejías
con gran diligencia?

Pastorcillo   Esta misma es;   625
                             mas la oveja, necia,
                             no quiere volver
                             al bien que le espera,
                             y así la deshago.

Paulo   Si acaso volviera,   630
                             zagalejo amigo,
                             ¿no la recibieras?

Pastorcillo   Enojado estoy;
                             mas la gran clemencia
                             de mi mayoral   635
                             dice que, aunque vuelvan,
                             si antes fueron blancas,
                             al rebaño negras,
                             que las dé mis brazos,
                             y sin extrañeza   640
                             requiebros las diga
                             y palabras tiernas.

Paulo   Pues es superior,
                             fuerza es que obedezcas.

Pastorcillo   Yo obedeceré;   645
                             pero no quiere ella
                             volver a mis voces,
                             en sus vicios ciega.
                             Ya de aquestos montes
                             en las altas peñas,   650

la llamé con silbos
y avisé con señas.
Ya por los jarales,
por incultas selvas
la anduve a buscar: 655
¡qué dello me cuesta!
Ya traigo las plantas
de jaras diversas
y agudos espinos
rotas y sangrientas.   660
No puedo hacer más.

Paulo   En lágrimas tiernas
baña el pastorcillo
las mejillas bellas.
Pues te desconoce,   665
olvídate de ella,
y no llores más.

Pastorcillo   Que lo haga es fuerza.
Volved, bellas flores,
a cubrir la tierra,   670
pues que no fue digna
de vuestra belleza.
Veamos si allá
en la tierra nueva
la pondrán guirnalda   675
tan rica y tan bella.
Quedaos, montes míos,
desiertos y selvas,
adiós, porque voy
con la triste nueva   680
a mi mayoral.
Y cuando lo sepa

(aunque ya lo sabe),
sentirá su mengua,
no la ofensa suya,   685
aunque es tanta ofensa.
Lleno voy a verle
de miedo y vergüenza:
lo que ha de decirme,
fuerza es que lo sienta.   690
Dirame: «Zagal,
¿ansí las ovejas
que yo os encomiendo
guardáis?» ¡Triste pena!,
yo responderé...   695
No hallaré respuesta.
si no es que mi llanto
la respuesta sea.

(Vase.)

Paulo   La historia parece
               de mi vida aquesta.   700
               De este pastorcillo,
               no sé lo que sienta;
               que tales palabras
               fuerza es que prometan
               oscuras enigmas...   705
               Alas, ¿qué luz es ésta
               que a la luz del Sol
               sus rayos se afrentan?

(Suena música y se ven dos ángeles que llevan al cielo el alma de Enrico.)

               Música celeste
               en los aires suena,   710

y a lo que diviso,
dos ángeles llevan
un alma gloriosa
a la excelsa esfera.
Dichosa mil veces,   715
alma, pues hoy llegas
donde tus trabajos
fin alegre tengan.

(Encúbrese la apariencia. Paulo prosigue diciendo.)

Frutas y plantas agrestes,
a quien el hielo corrompe,   720
¿no veis cómo el cielo rompe
ya sus cortinas celestes?
Ya rompiendo densas nubes
y estos transparentes velos,
alma, a gozar de los cielos   725
feliz y gloriosa subes.
Ya vas a gozar la palma
que la ventura te ofrece:
¡triste del que no merece
lo que tú mereces, alma!   730

(Aparece Galván.)

Galván   Advierte, Paulo famoso,
que por el monte ha bajado
un escuadrón concertado
de gente y armas copioso
que viene solo a prendernos.   735
Sino pretendes morir,
solamente, Paulo, huir
es lo que puede valernos.

Paulo   ¿Escuadrón viene?

Galván   Eso es cierto;
                ya se divisa la hilera,   740
                con su caja y su bandera.
                No escapas de preso o muerto
                si aguardas.

Paulo   ¿Quién la ha traído?

Galván   Villanos, si no me engaño
                (como hacemos tanto daño   745
                en este monte escondido),
                de aldeas circunvecinas
                se han juntado.

Paulo   Pues matarlos.

Galván   ¡Qué! ¿Te animas a esperarlos?

Paulo   Mal quién es Paulo imaginas.   750

Galván   Nuestros peligros son llanos.

Paulo   Sí, pero advierte también
                que basta un hombre de bien
                para cuatro mil villanos.

Galván   Ya tocan; ¿no lo oyes?

Paulo   Cierra   755
                y no receles el daño,
                que antes que fuese ermitaño

supe también qué era guerra.

(Sale el Juez con villanos armados.)

Juez
Hoy pagaréis las maldades
que en este monte habéis hecho.   760

Paulo
En ira se abrasa el pecho.
Soy Enrico en las crueldades.

Un Villano
¡Ea, ladrones, rendíos!

Galván
Mejor nos está el morir,
mas yo presumo que huir,   765
que para eso tengo bríos.

(Huye Galván y le siguen muchos villanos. Paulo se entra luchando con los demás. Vanse todos.)

Paulo (Dentro.)
Con las flechas me acosáis
y con ventajas reñís;
más de doscientos venís
para veinte que buscáis.   770

Juez (Dentro.)
Por el monte va corriendo.

(Baja Paulo por el monte, rodando, lleno de sangre.)

Paulo
Ya no bastan pies ni manos;
muerte me han dado villanos;
de mi cobardía me ofendo.
Volveré a darles la muerte;   775
pero no puedo, ¡ay de mí!
El cielo a quien ofendí

se venga de aquesta suerte.

Pedrisco (Sin ver a Paulo, que está moribundo en el suelo.)
    Como en las culpas de Enrico
no me hallaron culpado,   780
luego que públicamente
los jueces le ajusticiaron,
me echaron la puerta afuera
y vengo al monte. ¿Qué aguardo?
¿Qué miro? La selva y monte   785
anda todo alborotado.
Allí dos villanos corren,
las espadas en las manos.
Allí va herido Fineo,
y allí huyen Celio y Fabio,   790
y aquí, ¡qué gran desventura!,
tendido está el fuerte Paulo.

Paulo   ¿Volvéis, villanos, volvéis?
La espada tengo en la mano.
No estoy muerto; vivo estoy,   795
aunque ya de aliento falto.

Pedrisco   Pedrisco soy, Paulo mío.

Paulo   Pedrisco, llega a mis brazos.

Pedrisco   ¿Cómo estás ansí?

Paulo   ¡Ay de mí!
Muerte me han dado villanos.   800
Pero ya que estoy muriendo,
saber de ti, amigo, aguardo
qué hay del suceso de Enrico.

| Pedrisco | En la plaza le ahorcaron | |
| | de Nápoles. | |

Paulo	Pues ansí,	805
	¿quién duda que condenado	
	estará al infierno ya?	

Pedrisco	Mira lo que dices, Paulo;	
	que murió cristianamente	
	confesado y comulgado,	810
	y abrazado con un Cristo,	
	en cuya vista, enclavados	
	los ojos, pidió perdón,	
	y misericordia, dando	
	tierno llanto a sus mejillas,	815
	y a los presentes espanto.	
	Fuera de aquesto, en muriendo	
	resonó en los aires claros	
	una música divina;	
	y para mayor milagro	820
	y evidencia más notoria,	
	dos paraninfos alados	
	se vieron patentemente,	
	que llevaban entre ambos	
	el alma de Enrico al cielo.	825

| Paulo | ¡A Enrico, el, hombre más malo | |
| | que crió naturaleza! | |

| Pedrisco | ¿De aquesto te espantas, Paulo, | |
| | cuando es tan piadoso Dios? | |

| Paulo | Pedrisco, eso ha sido engaño: | 830 |

otra alma fue la que vieron,
no la de Enrico.

Pedrisco   ¡Dios santo,
reducidle Vos!

Paulo   Yo muero.

Pedrisco   Mira que Enrico, gozando
está de Dios: pide a Dios   835
perdón.

Paulo   ¿Y cómo ha de darlo
a un hombre que le ha ofendido
como yo?

Pedrisco   ¿Qué estás dudando?
¿No perdonó a Enrico?

Paulo   Dios
es piadoso...

Pedrisco   Es muy claro.   840

Paulo   Pero no con tales hombres.
Ya muero, llega tus brazos.

Pedrisco   Procura tener su fin.

Paulo   Esa palabra me ha dado
Dios: si Enrico se salvó,   845
también yo salvarme aguardo.

(Muere.)

134

Pedrisco	Lleno el cuerpo de lanzadas	
	quedó muerto el desdichado.	
	Las suertes fueron trocadas.	
	Enrico, con ser tan malo,	850
	se salvó, y éste al infierno	
	se fue, por desconfiado.	
	Cubriré el cuerpo infeliz	
	cortando a estos sauces ramos.	
(Lo hace.)	Mas, ¿qué gente es la que viene?	855

(El Juez entra con villanos, que traen preso a Galván.)

| Juez | Si el capitán se ha escapado, | |
| | poca diligencia ha sido. | |

Un Villano	Yo lo vi caer rodando,	
	pasado de mil saetas,	
	de los altivos peñascos.	860

| Juez | Un hombre está aquí: prenderle. | |

| Pedrisco | ¡Ay, Pedrisco desdichado!, | |
| | esta vez te dan carena. | |

(Aparte. Señalando a Galván.)

| Otro Villano | Este es criado de Paulo | |
| | y cómplice en sus delitos. | 865 |

Galván	Tú mientes como villano;	
	que solo lo fui de Enrico,	
	que de Dios está gozando.	

Pedrisco (Aparte a Galván.)

            (Y yo, Galvanito hermano,
            no me descubras aquí,   870
            por amor de Dios.)

Juez (A Galván.)   Si acaso
me dices dónde se esconde
el capitán que buscamos,
yo te daré libertad.
¡Habla!

Pedrisco   Buscarle es en vano   875
cuando es muerto.

Juez   ¿Cómo muerto?

Pedrisco   De varias flechas y dardos
pasado le hallé, señor,
con la muerte agonizando
en aqueste mismo sitio.   880

Juez   ¿Y dónde está?

Pedrisco   Entre estos ramos
le metí.

(Va a apartar los ramos y aparece Paulo rodeado de llamas.)

              Mas, ¡qué visión
descubro de tanto espanto!

Paulo   Si a Paulo buscando vais,
bien podéis ya ver a Paulo,   885
ceñido el cuerpo de fuego

y de culebras cercado.
No doy la culpa a ninguno
de los tormentos que paso:
solo a mí me doy la culpa, 890
pues fui causa de mi daño.
Pedí a Dios que me dijese
el fin que tendría, en llegando
de mi vida el postrer día:
ofendile, caso es llano; 895
y como la ofensa vio
de las almas el contrario,
incitome con querer
perseguirme con engaños.
Forma de un ángel tomó 900
y engañome; que a ser sabio,
con su engaño me salvara;
pero fui desconfiado
de la gran piedad de Dios,
que hoy a su juicio llegando, 905
me dijo: «Baja, maldito
de mi Padre, al centro airado
de los oscuros abismos,
adonde has de restar penando.»
¡Malditos mis padres sean 910
mil veces, pues me engendraron!
¡Y yo también sea maldito,
pues que fui desconfiado!

(Húndese y sale fuego de la tierra.)

Juez   Misterios son del Señor.

Galván   ¡Pobre y desdichado Paulo!   915

Pedrisco   ¡Y venturoso de Enrico
                  que de Dios está gozando!

Juez   Porque toméis escarmiento,
                  no pretendo castigaros;
                  libertad doy a los dos.   920

Pedrisco   Vivas infinitos años.
                  Hermano Galván, pues ya
                  de ésta nos hemos librado,
                  ¿qué piensas hacer desde hoy?

Galván   Desde hoy pienso ser un santo.   925

Pedrisco   Mirando estoy con los ojos
                  que no haréis muchos milagros.

Galván   Esperanza en Dios.

Pedrisco   Amigo,
                  quien fuere desconfiado,
                  mire el ejemplo presente.   930

Juez   No más: a Nápoles vamos
                  a contar este suceso.

Pedrisco   Y porque es éste tan arduo
                  y difícil de creer,
                  siendo verdadero el caso,   935
                  vaya el que fuere curioso
                  (porque sin ser escribano
                  dé fe de ello) a Belarmino,
                  y sino más dilatado,
                  en la «Vida de los Padres»   940

138

podrá fácilmente hallarlo.
Y con aquesto da fin
«El Mayor desconfiado
y pena y gloria trocadas».
El cielo os guarde mil años.   945

Fin de la tercera jornada

Libros a la carta

A la carta es un servicio especializado para
empresas,
librerías,
bibliotecas,
editoriales
y centros de enseñanza;
y permite confeccionar libros que, por su formato y concepción, sirven a los propósitos más específicos de estas instituciones.

Las empresas nos encargan ediciones personalizadas para marketing editorial o para regalos institucionales. Y los interesados solicitan, a título personal, ediciones antiguas, o no disponibles en el mercado; y las acompañan con notas y comentarios críticos.

Las ediciones tienen como apoyo un libro de estilo con todo tipo de referencias sobre los criterios de tratamiento tipográfico aplicados a nuestros libros que puede ser consultado en Linkgua-ediciones.com.

Linkgua edita por encargo diferentes versiones de una misma obra con distintos tratamientos ortotipográficos (actualizaciones de carácter divulgativo de un clásico, o versiones estrictamente fieles a la edición original de referencia). Este servicio de ediciones a la carta le permitirá, si usted se dedica a la enseñanza, tener una forma de hacer pública su interpretación de un texto y, sobre una versión digitalizada «base», usted podrá introducir interpretaciones del texto fuente. Es un tópico que los profesores denuncien en clase los desmanes de una edición, o vayan comentando errores de interpretación de un texto y esta es una solución útil a esa necesidad del mundo académico.

Asimismo publicamos de manera sistemática, en un mismo catálogo, tesis doctorales y actas de congresos académicos, que son distribuidas a través de nuestra Web.

El servicio de «libros a la carta» funciona de dos formas.

1. Tenemos un fondo de libros digitalizados que usted puede personalizar en tiradas de al menos cinco ejemplares. Estas personalizaciones pueden ser de todo tipo: añadir notas de clase para uso de un grupo de estudiantes, introducir logos corporativos para uso con fines de marketing empresarial, etc. etc.

2. Buscamos libros descatalogados de otras editoriales y los reeditamos en tiradas cortas a petición de un cliente.

www.ingramcontent.com/pod-product-compliance
Lightning Source LLC
LaVergne TN
LVHW091727160726
843513LV00002B/41